Egon Binder

Ungeziefer im Haus

Motten, Mäuse, Käfer & Co.

80 Fotos

Ulmer

Vorwort

Größtenteils leben wir in friedlicher Koexistenz mit unseren ungebetenen Hausgästen – es sei denn, sie treten in größeren Mengen auf und werden dadurch zur Plage. Nur, wenn Marder, Hornissen, Käfer & Co. unsere Ruhe stören oder unsere Gesundheit gefährden, dann wollen wir möglichst schnell etwas unternehmen, um uns vor Unannehmlichkeiten oder gar Schaden zu bewahren.

In diesem Buch soll nicht die Rede davon sein, wie Sie ungebetenen Gästen in unseren Häusern und Wohnungen den Garaus machen. Es zeigt Ihnen hingegen, wie Sie sich vor ihnen schützen oder sie – haben sie sich einmal eingenistet – vertreiben.

Von den Arten, die den Menschen in seinem engsten Bereich das Leben schwer machen, sind nur wenige durch Umweltgifte in ihrer Existenz bedroht oder stehen gar auf der Roten Liste – sieht man etwa von Hornissen und Hausratten ab. Trotzdem: Bei all unserer Schädlingsabwehr sollten wir immer daran denken, dass alle Lebewesen in der Natur eine Rolle spielen, etwa in der Nahrungskette als Futter für andere Tiere. Zudem sollte auch kein Tier unnötig leiden müssen.

Um die Plagegeister umweltverträglich in Schach zu halten, ist es wichtig, den „Feind“ zu erkennen und die richtige Lösung für eine Abwehr oder Bekämpfung zu finden. Denn wer alleinig zur „chemischen Keule“ greift, der weiß nicht, ob sie ihn nicht irgendwann auch selbst trifft!

Egon Binder

Inhaltsverzeichnis

Wenn’s kreucht und fleucht

Immer diese lästigen Tierchen

Warum besiedeln sie mein Haus?

„Tiervater“ Brehm hat die in das Biotop Haus Zugewanderten in Nützlinge, Schädlinge und Lästlinge eingeteilt und unterscheidet „Nette“ und „Fiese“. Die Vorteile für sie alle liegen klar auf der Hand: In ihren Verstecken aller Art genießen sie Schutz vor Regen, Schnee und Kälte und zudem finden sie oftmals Futter im Überfluss.

Sicherlich sind die Speisekammern heutzutage durch Kühlschränke und fest schließende Vorratsschränke etwas sicherer geworden. Doch von den Lebensmitteln fällt in der Küche oder bei der Aufbewahrung des Mülls immer etwas ab, und das deckt den Tisch für Nager und Krabbler reichlich.

Wintergäste

Ganz besonders dann, wenn sich der Spätherbst verabschiedet und die Tage schnell kälter werden, suchen viele Wildtiere die Nähe des Menschen; sie finden in seinen beheizten Häusern ein

Der Asiatische Marienkäfer kann sich in Massen an der Hauswand ansammeln.

So geht's ja nicht!

warmes Zuhause oder eine zuverlässige Nahrungsquelle. In der Regel stören sie den Menschen kaum und verlassen im Frühjahr wieder die menschlichen Behausungen.

Erstaunlicherweise tauchen im Winter immer wieder **Marienkäfer** in der Wohnung auf. Wer aufmerksam ist, entdeckt sie vielleicht in ihrem Unterschlupf in den kleinsten Spalten von einem Fensterrahmen. Inzwischen sieht man auch immer häufiger, dass sich die eingewanderten Asiatischen Marienkäfer (*Harmonia axyridis*) an unseren Wänden zu Tausenden zusammenrotten. Da bringt ein Staubsauger Abhilfe.

Schmetterlinge, wie die Weibchen von Tagpfauenaugen und der Kleine Fuchs beispielsweise, suchen frostfreie Räume zum Überwintern auf.

Die **Igel**, die in Holzschuppen oder unter Holzlegen unter dem aufgeschichteten Heizmaterial ihre Winterruhe halten, dürfen nicht geweckt werden. Eine Flucht in die Kälte würde ihren sicheren Tod bedeuten.

Ein eher ganz ruhiger Geselle ist auch der **Feldhamster**, der sich in Häusern oft schon Ende August einquartiert und einen Fressvorrat von bis zu 4 kg anlegt, bevor er seinen Winterschlaf antritt. Da er sehr selten geworden ist, steht er unter Naturschutz.

Alljährlich im Herbst sind Invasionen von **Mäuse**n zu befürchten, die dann von der „Feldmaus zur Stadtmaus“ werden. Sie suchen (und finden auch) die Zugänge in die Häuser und wandern dann vom Keller bis zum Dachboden. Sind die Holzritzen zu klein bemessen, knabbern sie sich einfach durch. Wird Mäusekot entdeckt, empfiehlt es sich, sich gleich mit Fallen, am besten mit Lebendfallen, auf die Jagd zu machen, denn es kann oft

Fledermäuse sind sehr interessante Mitbewohner.

Tage dauern, bis sie auf den ausgelegten Speck, Wurst oder Käse hereinfallen und man ihrer so habhaft wird.

Nur gelegentlich wird man in seiner häuslichen Ruhe vom **Siebenschläfer** gestört, der als echter Winterschläfer gilt, und sich nur bei der Quartiersuche im Herbst in unseren Dachböden oder in Scheunen bemerkbar macht. Bei der Suche nach Nahrung und Material für den Nestbau kann er allerdings nachts auch einmal eine Menge Raudau machen.

Keinerlei Ruhestörung ist von **Fledermäusen** zu befürchten, die im Winter den Schutz vor der Kälte vor allem an altem Dachgebälk schätzen. Sie sollten den sehr fleißigen Insektenvertilgern durchaus ihre Ruhe gönnen und sie keinesfalls aus ihrem Winterschlaf aufschrecken. Alle Fledermausarten sind gesetzlich geschützt.

Was ist tolerierbar?

Sagen wir es einfach mal so: Sicherlich ist es tolerierbar, wenn man da und dort in den Wohnräumen eine Spinne entdeckt, die man bequem mit einem Küchenpapiertuch ins Freie befördern kann, oder die eine oder andere Assel beseitigen muss. Generell sind Tiere im Haus völlig normal: Der Lebensraum auf der Erde ist eben begrenzt und Tiere suchen immer nach neuen „Wohnräumen“ (Menschen machen es ja genauso, wenn sie der Natur immer mehr Raum abgewinnen).

Doch wenn überall Mäusekot herumliegt, Ameisen wie in einer Karawane von der Terrasse in die Küche wandern und ein Wespennest daran Schuld ist, dass Sie einen Sommer lang Ihren Kaffee nicht mehr ungestört auf der Terrasse oder dem Balkon trinken können, dann ist das schon mehr als unangenehm. Letztlich ist es aber doch eine recht individuelle Entscheidung, welche Mitbewohner im Haus geduldet werden und welche nicht.

Wenn sich ein Gefahrenherd auftut, der sich zu einer Massenvermehrung entwickelt, können im schlimmsten Falle nur Gifte helfen. Allerdings können diese auch dem Menschen oder Haustieren Schaden zufügen. Allem voran steht bei der Schädlingsbekämpfung in Haus und Garten natürlich der Schutz der menschlichen Gesundheit im Vordergrund. Deshalb möchte dieses Buch allen Lesern empfehlen: Wehret jeglichen Anfängen!

Bitte keine Panik

Die große Angst vor dem lästigen Viehzeug in Haus und Wohnungen ist oft unbegründet, denn Sie können dem Schädlingsbefall durchaus vorbeugen. Eingefallene Lästlinge können oft umweltverträglich, tiergerecht und ohne Gift vor die Tür gesetzt werden.

Manch ein Naturliebhaber hat sogar nichts dagegen, wenn einige Tiere zu ihm nach Hause auf Wohnungssuche gehen und er darin nicht nur Unterhaltung sondern auch einen gewissen Nutzen findet. Er toleriert Spinnen, wenn sie in ihren Netzen vor den kleinen Sprossenfenstern eine Fliege fangen, Spatzen dürfen zwischen den Dachsparren nisten, und er freut sich vielleicht sogar, wenn es sich eine seltene Fledermaus-Art in einem nicht isolierten Dachboden gemütlich macht oder gar eine Steinmarder-Familie wie ein Poltergeist im Füllboden sein Unwesen treibt. Einige Gäste können auch als Zeichen für eine harmonische Nähe zur Natur gesehen werden. Oft lassen sie interessante Naturbeobachtungen zu.

Je nachdem, wo die Liebe für den Mitbewohner aufhört, gibt es entsprechende Schutzmaßnahmen, die Sie in den Einzelkapiteln dieses Buches finden. Es gibt immer eine Lösung!

Schnell nachgeschaut

Sie haben einen Eindringling in Ihrem Haus entdeckt? Nach der ersten Schrecksekunde sollten Sie sich klar werden, wie gefährlich er eigentlich ist. Dabei hilft Ihnen die nachfolgende Schnellübersicht, in der die hauptsächlichen Schadbilder der ungebetenen Gäste aufgelistet sind. Wie Sie gegen die unerwünschten Mitbewohner vorgehen sollten und was genauer zu beachten ist, finden Sie auf den angegebenen Seiten.

Alle Eindringlinge von Ameise bis Zecke

Name	Schadbilder	Seite
Ameisen	können Holz, Lebensmittel und Elektrogeräte beschädigen	58
Asseln	ungefährlich	44
Bettwanzen	evtl. Krankheitsüberträger	42
Bremsen	können stechen und brennenden Juckreiz auslösen	78
Brotkäfer	fressen Backwaren, Tiernahrung und Süßigkeiten	52
Dörrobstmotten	vermehren sich in unseren Lebensmitteln	90
Fliegen	verderben Lebensmittel, Krankheitsüberträger	68
Flöhe	verursachen Stiche mit Juckreiz	38
Getreideplattkäfer	fressen Lebensmittel	52
Hausbock	gefährdet verbautes Holz, Dachstühle	53
Hausgrillen	verderben Lebensmittel, Lärmbelästigung	49
Hausstaubmilben	für Allergiker gesundheitsschädlich	29
„Holzwürmer“	durchbohren Holz und machen es spröde	54
Hornissen	Stiche gefährlich für empfindliche Menschen, Kreislaufgeschwächte	85
Kleidermotten	beschädigen Wolle, Felle, Pelze und Polster aus Haaren	88
Kugelkäfer	verderben Lebensmittel	57
Läuse	verursachen Juckreiz, Krankheitsüberträger	35
Marder	zerstören Kabel, Schläuche und Isolierungen, Geruchsbelästigung	104
Mäuse	fressen alles Mögliche an, Krankheits- und Parasitenüberträger	95

Alle Eindringlinge von Ameise bis Zecke

Name	Schadbilder	Seite
Mehlkäfer	verunreinigen Lebensmittel, Larven sind Krankheitsüberträger	51
Mücken	Weibchen stechen und verursachen Juckreiz, können Krankheiten übertragen	72
Museumskäfer	greifen Polstermöbel, Wand- und Bodenteppiche an	50
Parkettkäfer	zerstören Produkte aus Laubholz	56
Ratten	fressen Lebensmittel, Krankheitsüberträger	98
Reismehlkäfer	verderben Lebensmittel, Geruchsbelästigung	52
Schaben	verderben Lebensmittel, Krankheitsüberträger	46
Schimmelkäfer	fressen Lebensmittel	26
Schimmelpilze	gefährden Gesundheit und Bauelemente	24
Silberfischchen	ungefährlich	40
Speckkäfer	fressen Lebensmittel und Felle	52
Spinnen	ungefährlich	62
Staubläuse	Schimmel- und Krankheitsüberträger, fressen Lebensmittel	67
Tauben	Krankheits- und Parasitenüberträger, gefährden Flugverkehr und Bausubstanz	92
Waschbären	Lärmbelästigung, Verschmutzung, Schäden am Hausdach, Krankheitsüberträger	108
Weberknechte	ungefährlich	64
Wespen	Stiche gefährlich für Allergiker, Babys und Kleinkinder	80
Zecken	Krankheitsüberträger	32

Bekämpfen ist gut

Lieber natürlich bekämpfen

Unsere Vorfahren kannten keine oder fast keine chemische Bekämpfung ihrer ungebetenen Hausplagen, und sie wussten oft überlieferte Ratschläge und Hausmittel mit eigenem Geschick gut zu kombinieren. Oft schonen diese nicht nur die Umwelt und unsere Gesundheit, sondern auch den Geldbeutel. Die Hausmittelchen sind aber nicht nur bei der Bekämpfung nützlich, sondern auch bei der Prophylaxe.

Grundsätzlich gilt:

Vorbeugen ist der beste Schutz vor Eindringlingen, weil Sie damit einer Massenvermehrung wirksam zuvorkommen.

Chemie nur im Notfall

Ob Sie sich für chemische Schädlingsbekämpfung entscheiden, sollten Sie sich gut überlegen. Stellen Sie sich zuvor die folgenden Fragen, um Sicherheit zu erlangen:

- Kann ich das Problem auch mit traditionellen Vorgehensweisen beheben, die die Umwelt und die Gesundheit schonen?
- Gibt es für mein Problem nicht auch ein Schutzmittel, das auf natürlicher Basis hergestellt ist und das bei geringem Kontakt mit Mensch und Haustier keinerlei Schäden verursacht?
- Gefährde ich mit dem Einsatz von chemischen und damit oft giftigen Insektenvertilgungsmitteln Babys oder Kleinkinder?
- Sind Haustiere wie Hunde und Katzen in der Nähe, die durchaus vom ausgelegten Giftköder „kosten“ könnten, und dann oft entsetzlich leiden müssen?
- Habe ich mich für den Fall, dass ich mir nur mit Chemie zu helfen weiß, genügend über den Einsatz dieser Mittel beraten lassen? Habe ich die Gebrauchsanleitung sorgfältig studiert?
- Bin ich mir über die rechtlichen Konsequenzen im Klaren, die eine unsachgemäße Verwendung von Chemikalien haben kann?

Chemische Mittel und ihre Risiken

Die Schädlingsbekämpfungsmittel, die im privaten Haushalt eingesetzt werden, müssen in Deutschland strenge Prüf- und Zulassungsverfahren durchlaufen. Achtung aber bei Reisen ins

Ausland: Hier gilt es, sich über die jeweiligen Mittel und ihre Inhaltsstoffe zu informieren, da diese eventuell weniger strengen Gesetzen unterliegen.

Bei unnötig häufiger Anwendung besteht außerdem die Gefahr, dass die Schädlinge gegen die Wirkstoffe resistent werden. Am besten ist es also, wenn Sie sich im Falle eines Falles an einen anerkannten Schädlingsbekämpfer wenden.

Eltern und Großeltern aufgepasst!

Der Einsatz von Insekten- und Mäusegiften wird besonders dann bedenklich, wenn Kleinkinder im Haushalt leben. Deren Aktivitäten spielen sich im Krabbelalter zumeist auf den Fußböden ab; sie nehmen die dort herumliegenden Spielzeuge gerne in den Mund und können sich infolge einer chemischen Schädlingsbekämpfung schlimme Vergiftungen zuziehen.

Der Umgang mit diesen „chemischen Keulen" ist für Privatpersonen, die damit keinerlei Erfahrungen haben, nicht ungefährlich. Der Mensch kann sich, etwa nach Berührung toter Tiere oder als Langzeitschädigung, ebenfalls gefährliche Vergiftungen zuziehen.

Die käuflichen Präparate zur chemischen Schädlingsbekämpfung im Haushalt lassen sich in drei Gruppen einteilen: **Insektizide** gegen Insekten, **Akarizide** gegen Milben und andere Spinnentiere und **Rodentizide** gegen Nagetiere. Achten Sie beim Kauf genau auf ihre Inhaltsstoffe und informieren Sie sich ausreichend über deren Anwendung.

Die Gefahrenhinweise müssen auf der Verpackung gekennzeichnet sein.

Carbamate

Carbamate sind farb- und geruchlose Kristalle, die als Fraß- oder Kontaktgift wirken. Sie werden vor allem als Insektizide eingesetzt. Unter anderem sind sie als Ameisenspray, Ameisenstaub, Seedoxin FHL und Ungeziefer-Spray im Handel.

Beim Menschen können sie zu Störungen der Konzentrationsfähigkeit, Erbrechen, Sehstörungen, starkem Schwitzen, Bauchschmerzen und Muskelzittern führen.

Phosphorsäureester

Phosphorsäureester werden bei der Insekten- und Milbenbekämpfung eingesetzt. Wegen ihrer hohen Giftigkeit bedarf es dabei nur sehr geringer Mengen. Beispiele von Insektiziden dieser Substanzklasse sind Phoxim, Dichlorvos (DDVP), Fenthion, Chlorpyrifos, Pharathion (E 605) und seine Methyl- und Ethyl-Derivate sowie Bladan.

Aufgrund der hohen Toxizität muss mit diesem Wirkstoff gegen Insekten und Milben äußerst vorsichtig umgegangen werden, damit Mensch, Haus- und Wildtiere nicht gefährdet werden. Durch die Giftwirkung könnte es beim Menschen zu Verkrampfungen, verlangsamtem Herzschlag, erhöhtem Speichelfluss, Atemnot und im schlimmsten Falle zum Atemstillstand kommen.

Pyrethroide

Pyrethroide sind Insektizide, die dem natürlichen Chrysanthemengift Pyrethrum nachgebaut sind. Sie haben eine bei Fraß oder Kontakt schnell einsetzende Wirkung gegen fast alle Insekten. Die wichtigsten Pyrethroide sind Permethrin, Deltamethrin, Cyfluthrin, Fenvalerat, Cypermethrin und Tetramethrin. Perethrin hat inzwischen Lindan als meistverwendetes Insektizid verdrängt. Permethrin und Cyfluthrin werden auch für den vorbeugenden Schutz von Textilien gegen Motten- und Käferfraß eingesetzt. So sind Teppichböden mit Wollsiegelqualität fast immer mit Permethrin behandelt, da die Vergabe des Wollsiegels an die Mottenschutzbehandlung geknüpft ist. Pyrethroide kommen auch in Käferboxen und Sprays gegen Insekten (auch gegen Silberfischen) vor.

Auch in Holzschutzmitteln sind sie enthalten. Bei Überdosierungen kann es zu einem Brennen im Gesicht und vor allem in den Augen, zu Reizungen der Schleimhäute, Kopfschmerzen, Schwindelanfällen, zu Niedergeschlagenheit, Erbrechen und Herzrasen kommen.

Cumarine

Diese Nagetierbekämpfungsmittel mit dem Wirkstoff Cumarin kommen unter anderem in Fraßködern und Produkten zur Begasung von Lagerräumen und unterirdischen Nagetiergängen vor. Schädlingsbekämpfungsmittel aus diesen Substanzen sind unter den Namen Difenacoum, Brodifacoum, Flocoumafen, Difethialon bekannt und werden wirksam gegen Mäuse und vor allem Ratten eingesetzt. Teilweise tritt deren Wirkung zeitversetzt erst nach vier bis sieben Tagen ein, denn Fraßköder, neben denen tote Ratten liegen, werden von den Artgenossen in der Regel nicht mehr angerührt. Die vergifteten Tiere müssen unbedingt beseitigt werden, um nicht Haus- und Wildtiere zu gefährden.

Bei der Verwendung von Cumarin durch die Lebensmittelindustrie und als Aromastoff in Kerzen und Parfüms kam es immer wieder zu Einschränkungen in der erlaubten Verwendungsdosis und fallweise auch zu vollständigen Verboten des Wirkstoffs. Denn größere Mengen oral aufgenommenen Cumarins können Erbrechen, Schwindel, schwere Kopfschmerzen und Schlafsucht auslösen. Auch Leber- und Nierenschädigungen sowie Zellschädigungen bis hin zu Krebserkrankungen sind nicht ausgeschlossen. Ein sorgsamer Umgang mit diesem Mäuse- und Rattengift ist deshalb unabdingbar.

Profi-Hilfe durch Schädlingsbekämpfer

Heutzutage wird die Bezeichnung Kammerjäger durch Schädlingsbekämpfer, Exterminator oder in der Schweiz durch Desinfektor ersetzt. In Deutschland gilt der Schädlingsbekämpfer seit 2004 als anerkannter Ausbildungsberuf. Davon gibt es nicht wenige: Wer einmal das Branchenbuch durchblättert oder sich im Internet auf die Suche nach ihnen macht, der wird feststellen, dass es in jedem Bundesland Hunderte dieser Kämpfer gegen das häusliche Ungemach gibt. Bei der Auswahl sollten Sie auf jeden Fall darauf achten, dass er IHK-geprüft ist und die Identifizierung kostenlos durchführt.

Auf die Frage, wann er gerufen werden soll, gibt es viele Antworten. Entscheidend sind

- der **Umfang** des Befalls,
- der **Wert** der gefährdeten Gegenstände,
- das **Risiko der Ausweitung** des Problems,
- die Klärung der **rechtlichen Fragen,**
- **wer** den Einsatz veranlassen muss/darf – der Mieter oder Vermieter –,
- die **Zeitdauer**, in der man nach eventuell chemischer Bekämpfung die Wohnung nicht betreten sollte,
- ob **Haustiere** gefährdet werden könnten und

Schädlingsbekämpfer bei der Arbeit: Die genaue Diagnose verlangt eine gründliche Untersuchung.

- über welchen Zeitraum sich die **Wirksamkeit** und Dauer einer Bekämpfung erstrecken kann.

Wenn Sie sich überlegen, ob Sie bei sich zu Hause selbst zur Tat schreiten oder lieber einen Profi rufen sollen, bedenken Sie bitte Folgendes: In **schwierigen Fällen**, in denen Sie auf chemische Hilfe angewiesen sind, ist es oft ratsam, sich von einem Profi beraten zu lassen. So gehen Sie auf Nummer sicher und müssen sich nicht erst selbst tief in die sachgemäße Verwendung einlesen, um allen gesundheitlichen und rechtlichen Risiken aus dem Weg zu gehen.

Wenn die Gefahr besteht, dass die Umgebung in Mitleidenschaft gezogen wird, wie bei einem ausufernden Rattenbefall, darf zur Bekämpfung nur eine Fachkraft eingesetzt werden. So sehen es die **staatlichen Verordnungen** vor.

Sind Sie Besitzer eines Mietshauses, empfiehlt es sich aus **rechtlichen Gründen** und um Schadensersatzklagen vorzubeugen, die aufgrund gesundheitlicher Probleme infolge von unsachgemäßem Vorgehen entstehen können, einen Profi zu rufen. Mietern wird empfohlen sich an ihren Vermieter zu wenden, wenn festgestellt wird, dass Schäden durch Schädlinge entstanden sind oder entstehen könnten. Dieser sollte dann einen Profi zurate ziehen.

Wie hoch die **Kosten** für die Schädlingsbekämpfung sind, hängt von unterschiedlichen Faktoren ab und kann allgemeingültig nicht beantwortet werden. Bei manchen Schädlingen werden allerdings vor dem Einsatz Pauschalen vereinbart, die regional unterschiedlich ausfallen können. Zu rechnen ist (Stand 2010) mit etwa 80–150 Euro – im Einzelfall auch mit höheren Beträgen. Vor einem Auftrag zu klären wären auch die Fahrtkosten und die Frage, ob in dem vom Kammerjäger genannten Preis Einsatzmittel inbegriffen sind.

Vermieter vor Gericht

Oft müssen sich sogar Gerichte mit Klagen von Mietern gegen Hausbesitzer befassen, denn wenn eine Mäuseplage oder ein Käfer- und Kakerlakenbefall vom Vermieter beseitigt wird, müssen die Mittel angemessen sein und das gesundheitliche Wohl der Bewohner im Vordergrund stehen. So wurde eine VermieterIn zur Zahlung von Schmerzensgeld an ihre Mieter verurteilt, weil der Hausmeister eine aggressive Chemikalie in der Wohnung versprüht hatte. Diese hätte in einer Wohnung gar nicht verwendet werden dürfen. Die Bewohner litten monatelang unter Atembeschwerden, Übelkeit und Herzbeklemmung. Das Amtsgericht Köln wertete diese Art von Schädlingsbekämpfung als Körperverletzung (AZ: 207 C 09/93).

Vorbeugen ist besser

Schlupflöcher entdecken und schließen

Immer dann, wenn in **Zimmern** Renovierungen anstehen – und sei es nur, dass die Wände neu gestrichen werden sollen –, können entscheidende Vorbeugungsmaßnahmen gegen Schädlinge getroffen werden. In diesen Fällen werden die Zimmer größtenteils ausgeräumt oder die Möbel wenigstens in die Mitte des Raumes geschoben. Das erleichtert den Zugang zu den Eckkanten zwischen Mauern und Fußböden, die es in solchen Fällen zu kontrollieren gilt, ob sich durch Kälte beziehungsweise Wärme bedingt **Risse im Mauerwerk** oder auch in den **Holzverkleidungen** gebildet haben; diese Risse dienen letztendlich als willkommene Einschlupflöcher für Ungeziefer aller Art. Stellen Sie solche Schadstellen fest, greifen Sie – je nach Größe der Risse – zu Fertigmörtel, Spachtelmassen oder zur Silikonpresse, um dem ungehinderten Ein- und Ausgang für Schädlinge einen Riegel vorzuschieben.

Gleiches gilt auch für die Verankerungen von **Fenstern und Türen**. Deren Holz kann durch den jahrlangen

Zuerst müssen die Schlupflöcher aufgespürt werden.

Wer genau hinsieht, findet so einige Zugänge in seiner Wohnung.

Trocknungsprozess schwinden, wodurch Ritzen zwischen Mauerwerk und Holzkonstruktionen entstehen können.

Etwas schwieriger zeigt sich oft die Situation in unseren **Dachstühlen** und **Dachböden**. Sie sind recht großräumig und teils durch Verschalungen an ihren Außengrenzen nicht zugänglich für eine Kontrolle. Dennoch tut Vorsorge not, denn gerade in älteren Gebäuden klaffen Gebälk und Mauerwerk oft so weit auseinander, dass Marder ungehindert eindringen und sich in abgeschotteten Ecken oder im Füllboden ihre Nester bauen und ihren Nachwuchs großziehen können. Doch nicht nur Marder suchen nach Schlupflöchern, um ins Haus zu kommen, sondern auch Mäuse und Ratten. Tut sich also eine Lücke in der Dach- oder Giebelverkleidung auf, sollten Sie mit Füllstoffen (Silikon, Mörtel, Holzleisten, Blechen usw.) entsprechende Schutzmaßnahmen ergreifen.

Vor allem im **Frühjahr** sind **Kontrollen** unbedingt erforderlich, denn dann sehen sich Hornissen und Wespen nach trockenen und vor Wind und Wetter geschützten Plätzen um, um sich mit ihren neuen Königinnen Nester zu bauen. Auch hier lassen sich mit Silikon Schlupflöcher versiegeln.

Sauberkeit schützt vor Insekten

Auf dem Boden liegen gebliebene Essensabfälle, und seien es auch nur Brösel, machen eine Wohnung für Lästlinge und Schädlinge sehr begehrt. Und sind diese erst im Haus, dann bedarf es oft größter Anstrengungen, sie wieder loszuwerden.

Also: Wohn- und Essräume, Küchenunterschränkchen, Abstell- und Speisekammern und Keller sollten regelmäßig gekehrt, gesaugt, gewischt und nötigenfalls mit Putzwasser gewischt werden, dem Essigreiniger zugesetzt wurde. Diese Arbeit ist zugleich eine gute Kontrolle von ersten Spuren der „Belagerer“ und deren Hinterlassenschaften.

Vorbeugen durch Putzen

Wichtigster Grundsatz beim Verhindern von Schädlingsbefall: Kehren, putzen, saugen – immer und immer wieder!

Natürlich soll dieser Aufruf Sie nicht zu einem Putzfimmel oder einer Reinlichkeitshysterie veranlassen, dennoch ist mit dem Kehren, Putzen und Saugen als vorbeugende Maßnahmen der Krieg gegen ungebetene Hausgäste schon halb gewonnen. Hier die nützlichsten Tipps für mehr Sauberkeit:

- Draußen wie drinnen sollte immer ein Besen griffbereit stehen – dann wird er meist auch benutzt!
- Bürsten und reinigen Sie die Besen ab und zu mit heißem Seifenwasser, um Ungeziefer zu beseitigen.
- Terrasse und Balkon können bei Bedarf mit einem Industriestaubsauger gereinigt und anschließend mit Seifenwasser gewischt werden.
- Um alle zu Boden gefallenen Krümel zu beseitigen, sollten Sie die Wohnung möglichst mehrmals in der Woche saugen, glatte Böden dann nötigenfalls noch wischen.

- Klopfen Sie Teppiche mehrmals im Jahr aus und behandeln Sie sie mit Teppichreiniger, flüssiger Schmierseife oder Shampoo.
- Wer sich ein neues Schlafzimmer zulegt, der sollte darauf achten, dass das neue Bett nicht eine bis zum Boden reichende Umrandung hat, sondern Füße; dadurch kann darunter besser gesaugt und gewischt werden.
- Nicht ganz billig aber äußerst effektiv im Kampf gegen Milben im Schlafzimmer sind Dampfsauger – sie sind geradezu ein Wundermittel.
- Staub an Einrichtungsgegenständen entfernen Sie am besten mit einem leicht angefeuchteten Mikrofasertuch. Richtige Staubanzieher sind elektrostatisch aufgeladene Geräte wie Fernseher, Stereoanlagen und Computer-Monitore. Dafür gibt es spezielle Putztücher zu kaufen.

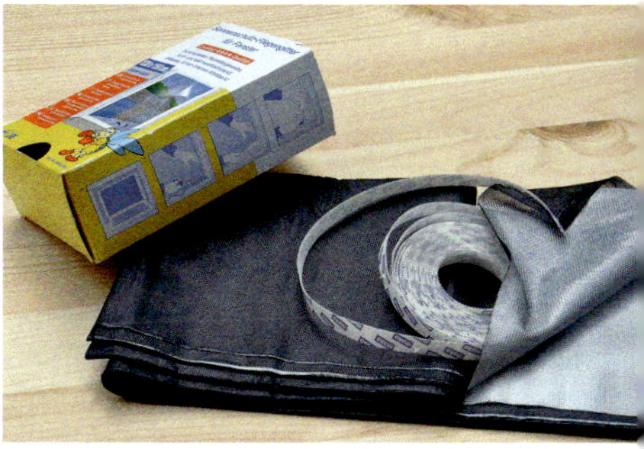

Schlichte Fliegengitter lassen sich einfach mit Klett installieren und sind äußerst wirksam.

Fliegengitter helfen

Wer einen Keller mit Fensteröffnungen und/oder Luftschächten besitzt, sollte diese an der Außenfront mit einem Fliegengitter oder mit Fliegengaze versehen. Das verursacht nur wenig Mühe und Kosten und eröffnet zugleich die Möglichkeit, diese Räumlichkeit jederzeit lüften zu können, ohne dabei diversen Insekten, aber auch Mäusen und Ratten Tür und Tor zu öffnen. Wichtig im Kellerbereich: Sie sollten nicht aus Kunststoff, sondern aus Draht sein, weil z. B. Mäuse Plastik mühelos zerbeißen und so in Keller eindringen.

In den Wohnräumen tun Sie sich, Ihrer Familie und Gästen einen großen Gefallen, wenn Sie der Fliegen-, Mücken- und Wespenplage effektiv und vor allem dauerhaft mit einem Mückengitter vorbeugen. Sie lassen sich fest oder reversibel an Fenster und Türen installieren.

Das Geschäft mit solchen Gittern boomt und nicht selten preisen auf Verbrauchermessen oft gleich mehrere Firmen dafür ihre Dienste an. Diese Unternehmen bieten einen zuweilen schnellen und zuverlässigen, vor allem funktionstechnisch einwandfreien Service. Allerdings ist dieser nicht gerade billig. Pro Gittertüre oder für einen einziehbaren Rollschutz müssen Sie mit einer Investition zwischen 250 und 300 Euro rechnen.

Preisgünstiger und nicht weniger effektiv kommt man davon, wenn man sich selbst einen solchen dauerhaften Insektenschutz bastelt. Mit schlichten Fliegengittern, die sich durch ein Klettband befestigen lassen, sind Sie im

Handumdrehen vor den Plagegeistern geschützt. Wer schreinerisch etwas versiert ist, kann sich seine eigene Fliegenschutztüre mit Scharnieren, Rahmen, Gaze, Tackern und Schnappmagneten zum Schließen der Tür selbst konstruieren.

Mülltonnen und Biomüll als Brutstätten

In der kalten Jahreszeit ist die Gefahr natürlich weniger groß als an heißen Sommertagen, dass Mülltonnen und Biomülltonnen zu einem Eldorado von unerwünschtem Getier werden, das von dort aus auch gerne Schlupflöcher ins Hausinnere sucht. Deshalb sollte der Abstellbereich der Mülltonnen stets sauber gefegt sein. Die Mülltonnen selbst säubern Sie im Sommer am besten mit heißem Wasser nach den jeweiligen Entleerungen.

Das Gleiche gilt auch für die Müllbehälter im Haus. Sie sollten häufig geleert und mit Essigwasser gereinigt werden.

Augen auf bei Einkauf und Reisen

In Zeiten, als der Begriff Globalisierung noch als Fremdwort galt, kam es zwar auch schon mal vor, dass man ungebetene Gäste im Koffer oder als Frachtgut mit in die Heimat nahm. Doch das war eher die Seltenheit. Weil heute oft die Kartoffeln aus Ägypten,

Achtung! Mit Obstkisten kann Ungeziefer in unsere Wohnung gelangen.

Tropenkrankheiten mitten in Europa?

Bei Reisen in die Tropen sind Impfungen gegen Tropenkrankheiten oft unumgänglich. In Zeiten der globalen Erwärmung (veränderte Lebensbedingungen für die Überträger) und Globalisierung (zunehmende Reisetätigkeiten) ist man allerdings in Europa auch nicht mehr vor solchen Krankheiten gefeit. Einerseits erreichen die exotischen Blutsauger nunmehr auch Länder wie Italien, die Türkei, Spanien und Belgien; andererseits können diese Überträger beziehungsweise die Erreger selbst zeitweise – wenn auch häufig nicht auf Dauer – in europäischen Gefilden überleben. Deshalb die Warnung von Prof. Peter Löscher vom Münchner Tropeninstitut: „Wenn sich die Lebensbedingungen für die übertragenden Insekten wie Mücken und Zecken verbessern, müssen wir damit rechnen, dass Infektionskrankheiten, die bislang nur in den Tropen und Subtropen verbreitet waren, künftig auch in Europa häufiger auftreten."
Ein Bespiel für solche neuartigen Erscheinung ist die Übertragung des Chikungunya-Virus: Im Jahr 2007 habe es in Norditalien 200 Fälle von Chikungunya-Fieber gegeben, dessen Erreger vor allem aus Afrika, Indien und Südostasien bekannt war und von Stechmücken übertragen wird. Nach der Virusinfektion durch Mückenstiche können Symptome wie Gelenkschmerzen, hohes Fieber und sogar Hirnhautentzündungen auftreten.

die Erdbeeren aus Israel, Südfrüchte aus Südostasien und Südamerika kommen, ist die Gefahr groß, dass Schädlinge mit Flugzeug und Schiff und dann über unsere Verbrauchermärkte direkt in unsere Wohnungen kommen. Das gilt leider nicht nur für harmlose Insekten, sondern schafft auch „blinde Passagiere" ins Haus, die oft giftig sind. Das können Stechmücken und giftige Spinnen sein aber auch eine Vielzahl von Kriechtieren aller Art.

Deshalb ist es auf alle Fälle vorbeugend gut, vor allem Obstkartons nicht in der Wohnung auszupacken. Am besten, Sie lassen die Kartons des eingekauften Obsts vor der Haustür stehen. Zudem sollen die Früchte unter fließendem Wasser abgewaschen werden, bevor sie in die Obstschale kommen. Zumindest sollten Sie aber einen kritischen Blick auf die Ware werfen.

Genauso verhält es sich mit Gepäck, das Sie nach ferneren Reisen wieder mit nach Hause bringen. Gehen Sie sicher, dass Sie kein Kleingetier als Souvenir im Koffer haben. Ein besonderes Augenmerk sollten Sie auf die kleinen, dunklen Schabeneier legen, diese können extrem lästig werden (Seite 46).

Richtig erkannt, bald gebannt

Schimmelpilze

Kennzeichen

Als Schimmelpilze fasst man eine Gruppe von filamentösen Pilzen zusammen. Sie können faserig, flockig, weißlich, grau, bläulich-grün, bräunlich und als schwärzlicher Belag auftreten, sie besiedeln verschiedene Substrate und natürlich Mauerwerk und feuchte Hölzer. Befallen werden aber auch verfaulende Früchte, Marmeladen, altes Brot, Nüsse, Kot, ja sogar Leder und Kunststoffe. Als Nahrungsquelle stehen ihnen dabei organische Moleküle wie Kohlenhydrate, Fett und Proteine zur Verfügung.

Zu erkennen ist der Befall von Schimmelpilz leicht, denn er verrät sich nicht nur durch die grauen und dann immer schwärzer werdenden Flecken an den Wänden, sondern auch durch den modrigen und muffigen Geruch, der einem vor allem dann entgegenschlägt, wenn die vom Schimmel befallenen Räume längere Zeit nicht belüftet wurden. Insgesamt gibt es 180 000 (!) Arten von Schimmelpilzen.

Wenn es modrig riecht, sollten alle Ecken nach Schimmel abgesucht werden.

Risiken

Schimmelpilze können durchaus gefährlich sein – nicht nur für die Substanz von Mauerwerk und Wänden, sondern auch für die Gesundheit von Menschen. Sie können Allergien verschiedener Art auslösen, aber auch Krankheiten wie Asthma, Rheuma und ständige Erschöpfungszustände. Manche Gutachter gehen davon aus, dass jedes dritte Haus in Deutschland betroffen war oder ist.

Dort, wo es im Haus feucht und dunkel ist und kein Sonnenstrahl hinfällt, können sich Schimmelpilze am besten ausbreiten. Verschimmeln können nicht nur Wände, sondern auch Bauelemente wie Fenster und Türen, die plötzlich grauweiß „anlaufen" und so die Schimmelpilzbildung deutlich signalisieren.

Der Befall ist aber nicht nur in Keller- und Lagerräumen, sondern selbst in einer ständig beheizten Wohnung, die von außen her von Feuchtigkeit heimgesucht wird, bis hinauf zum Dachboden möglich, wenn das Dach undicht ist und so ständig Regen und das Schmelzwasser von Eis und Schnee eindringen können. Die Balken und Dachsparren können dann zu schimmeln beginnen und vielerlei Insekten anlocken, die sich hier wohlfühlen und ihr Vernichtungswerk so lange fortsetzen, bis es schließlich zu statischen Problemen kommt.

Oft ist es dann schon zu spät, selbst mit chemischen Mitteln diesem Problem beizukommen, dann hilft nur noch der sofortige Austausch der befallenen Hölzer, das Abschlagen von Putz und ein Neuauftrag von Putzschichten, sobald Sie sicher sind, den Urheber ausgerottet zu haben.

Tapeten sind in feuchten Räumen geradezu verlockend für den Schimmelbefall, genauso wie unsachgemäß verlegte und schlecht isolierte Teppichböden. Selbst vor Büchern in Bibliotheken macht diese Plage nicht halt, wenn eine hohe Luftfeuchtigkeit vorherrscht.

Oft ist auch Kondenswasser, das bei einer ständig wechselnden Raumtemperatur auftritt, die Ursache für den Schimmelbefall, was allein vom Wetterumschwung bestimmt werden kann.

Und wer seine Möbel fast ganz an die Wand rückt, der kann ebenfalls sein blaues Schimmelwunder erleben, wenn der Raum eher feucht und kühl ist. Besonders gefährdet sind hiervon die Außenwände.

Vorbeugen und bekämpfen

In feuchten und dunklen Ecken fühlen sich Schimmelpilze besonders wohl, Trockenheit und Wärme sind dagegen ihr Feind. Folglich sind die besten Mittel, der Schimmelpilze Herr zu werden, das Trockenlegen der Wände, sie mit Hitze zu behandeln und für eine warme Durchlüftung zu sorgen.

Im Keller

Wer seinen Keller **lüften** will, sollte dies nicht gerade dann tun, wenn es draußen schwül-heiß ist. Denn dann gelangt eine feucht-warme Luft in den (im Sommer meist etwa 7–14 °C kühlen) Keller, mit der Folge, dass die warme Außenluft sich an den Kellerwänden abkühlt. Dadurch verliert sie ihre Fähigkeit, Wasserdampf zu speichern, was wiederum eine Kondensierung des Wassers an den kältesten Flächen des Kellerraumes nach sich zieht.

Dort bilden sich schließlich feuchte Flecken, die dann der ideale Nährboden für Schimmelpilze sind. Deshalb ist es sinnvoll, Keller nur dann zu lüften, wenn es trocken ist und niedrige Außentemperaturen, so um die 10–15 °C, vorherrschen.

Gemeinsam sind sie stark

Es gibt Hinweise darauf, dass die **Kombination von Pilz- und Bakterienbefall** im Haus eine Vielzahl weiterer Beschwerden begünstigt, so etwa chronisch-obstruktive Lungenerkrankungen (Raucherbronchitis), Hautveränderungen, rheumatische Leiden und sogar akute Lungenblutungen bei Kleinkindern; das stellte Ronals D. Gerste in einem Bericht der „Neuen Züricher Zeitung“ fest.

Vor allem Häuser mit Gipskartonwänden, die der Feuchtigkeit ausgesetzt werden, gelten als Gefahrenherde. Wie Laboruntersuchungen ergeben haben, setzen Pilz- und Bakterienherde beim Kontakt mit menschlichen Zellen Entzündungsmediatoren frei, etwa Stickstoffmonoxid, Interleukin-6 oder sogar den Tumornekrosefaktor-alpha.

Außer entzündlichen Reaktionen bergen Schimmelpilze zudem noch schwerwiegendere Gefahren: Sie produzieren Moleküle, die als krebsauslösend taxiert werden, so etwa Leber- und Lungenkrebs.

Ist der Schimmelpilz bereits in die Mauer eingedrungen, ist es schwer, ihn zu bekämpfen. Deshalb muss bereits bei den ersten Anzeichen – graue oder dunkle Verfärbung der Wand – gehandelt werden. Das kann als erste Maßnahme mit dem **Austrocknen** der Wände mit Heißluftgeräten und ultraviolettem Licht geschehen. Zuvor soll jedoch die Wand mit **Desinfektionsmitteln** wie Wasserstoffperoxid, Natriumhypochlorit, Peressigsäure, Ethanol und Isopropanol behandelt beziehungsweise gesäubert werden. Greifen Sie auch in Kellerräumen zu möglichst unbedenklichen Mitteln, die unten für die Wohnräume beschrieben sind.

Streichen Sie die Wände neu, ist es ratsam, **alkalische Dispersionsfarben** zu verwenden. Diese bieten dem Schimmelpilz schlechtere Nahrungsverhältnisse als etwa die üblichen Latexfarben.

Schimmel als Leibspeise

Von Schimmelpilzen geradezu angelockt werden die dunkelbraunen ovalen **Schimmelkäfer** (*Cryptophagus* sp.) die kaum 3 mm lang werden (wie auch ihre Larven). Sie fühlen sich in der Feuchtigkeit von Kellern besonders wohl, und ihre Lieblingsmahlzeit ist neben bereits schimmelnden pflanzlichen wie tierischen Abfällen der Schimmelpilz selbst. Vor allem unter den im Keller lagernden Obst- und Gemüsevorräten, beispielsweise unter Kartoffeln, wenn diese nicht gänzlich trocken aufbewahrt werden, nisten sie sich gerne ein. Nur wenn Sie dafür sorgen, dass es im Keller wieder trocken zugeht, können Sie sie loswerden.

Der Schimmelkäfer liebt die Feuchtigkeit.

In den Wohnräumen

Feuchtigkeit ist auch in den Zimmern der Ursprung allen Übels, sowohl bei Erkrankungen, die durch Schimmelpilze ausgelöst werden, als auch bezüglich der Schäden an der Bausubstanz. Einzig wirksame Maßnahme ist daher das regelmäßige **Lüften** der Räume und möglichst eine gewisse Grundwärme.

Bei der Ausbreitung des Schimmelpilzes bilden sich Millionen ständig in der Luft zirkulierender Pilzsporen. Sie werden über die Raumluft vom Menschen aufgenommen und führen oft zu heftigsten Beschwerden. **Luftreinigungsgeräte** sind eine wirkungsvolle Vorsorgemaßnahme gegen die Ausbreitung dieser Pilzsporen. Die Kosten für die Tagesmiete eines Luftreinigers bei der Anmietung für sieben Tage belaufen sich für ein Gerät für Räumlichkeiten von ca. 140 qm auf rund 15 bis 18 Euro, bei einem Gerät für Raumgrößen bis zu 800 qm rund 40 Euro, bis zu 1300 qm auf 58 Euro. Die Anschaffungskosten für Luftreiniger liegen – für normale Haushalte – zwischen 600 und 1200 Euro.

Auch bei Neubauten dem Schimmelpilz vorbeugen

Wer glaubt, dass Schimmelpilzbildung nur eine Gefahr für Altbauten darstellt, der irrt gewaltig. Ein Vorkommnis aus eigener leidvoller Erfahrung: Ein neues Sechsfamilienhaus wurde gebaut und die Fertigstellung verzögerte sich bis in den nasskalten Spätherbst hinein. Die nach Nordwesten hin ausgerichteten Außenmauern wurden vom Regen gepeitscht und konnten nicht mehr austrocknen. Aber trotzdem wurde der Außenputz auf die feuchte Ziegelmauer aufgezogen und die Innenwände mit Gipsplatten verkleidet.
Dann zog die winterliche Kälteperiode ins Land und damit kam es wie es kommen musste: Obwohl die Heizkörper in diesem nicht ausgetrockneten Neubau auf „Vollgas" liefen, stellten sich bereits im Februar an den nach Nordwesten ausgerichteten Innenwänden zuerst unten und dann auch an den oberen Wandecken graue und immer schwärzer werdende Schimmelflecken ein.
Hausherr und Architekt wurden gerufen. Sie bohrten zentimetergroße Löcher in die Gipsplatten, stellten Wärmestrahler auf und erhofften sich damit eine Trocknung und Rückbildung des Schimmelpilzes. Doch sind diese einmal am und im Mauerwerk, werden sie auch nicht vertrieben, solange die von außen ins Mauerwerk eingedrungene Feuchtigkeit nicht beseitigt ist.
Die Folge: Die Gipswände mussten entsorgt, das Außenmauerwerk vollständig ausgetrocknet und dann schließlich ein ganz normaler Kalkputz aufgezogen werden.

Antischimmelspray hilft. Trotzdem sollten Sie Ihre Räume trocken und luftig halten.

Zur Behandlung bereits befallener Zimmerwände sollten Sie diese zunächst **reinigen**. Benutzen Sie hier bitte keine Mittel, die Chlor enthalten. Diese sind zwar hochwirksam, schädigen aber auch möglicherweise die Gesundheit. Greifen Sie bei einem geringen Befall eher auf alkoholhaltige Reinigungsmittel zurück. Eine fünfprozentige Sodalösung oder eine fünfprozentige Essigessenz sind auch geeignet. Für das fortgeschrittene Stadium können Sie Alkohol oder eine Salmiakverdünnung verwenden. In Anti-Schimmel-Spray finden Sie diese Chemikalien gebrauchsfertig.

Damit der Schimmel bleibt, wo er hingehört, sollten diese Lebensmittel gut verpackt aufbewahrt werden.

Diese Mittel besitzen alle keine Dauerwirkung und über kurz oder lang wird der Schimmel zurückkommen. Wichtig hierbei ist es, dass die eigentliche Ursache, nämlich die Feuchtigkeit beseitigt wird. **Antischimmelfarbe** wird eher zur Prävention empfohlen.

Schimmel auf Lebensmitteln

Welcher Gourmet schätzt sie nicht, die Mikroorganismen, die kontrolliert bei leckeren Käsesorten, Salami oder auch erwünscht als Edelfäule von Trauben für einen besonderen Genuss sorgen? Man denke da nur an den Camembert und Roquefort, die von den Pinselschimmel-Arten *Penicillum roqueforti* und *Penicillum camemberti* infiziert sind. Diese beiden Schimmelarten gelten als Innenschimmel und Kulturschimmel und werden längst reinrassig gezüchtet.

Doch diese Schimmelpilze befallen leider, sind sie unkontrolliert, auch andere Lebensmittel und scheiden dabei Gifte (Mykotoxine) aus, die Krebs auslösen können.

Zeigt sich auf den davon befallenen Lebensmitteln bereits ein Flaum, dann ist es meist schon zu spät. Der Pilz hat sich schon längst unmerklich im Innern ausgebreitet. Wird unerwünschter Schimmel also auf Brot, Konfitüre (mit Ausnahme der Diätmarmelade, bei der man nur die Oberfläche entsorgen muss), Weichkäse und anderen Lebensmitteln entdeckt, soll das befallene „Objekt" im Ganzen entsorgt werden, also nicht nur jene Teile, die die Schimmelbildung nach außen hin erkennen lassen.

Besonders gefährlich für die Gesundheit sind von Schimmel befallene Nüsse wie auch Milchprodukte verschiedenster Art.

Und noch ein wichtiger Hinweis: Bei Schimmel hilft auch kein Abkochen und damit erhitzen etwa von befallenen Säften, Früchten, Kompotten, Suppen oder Saucen, denn Schimmelpilzgifte überstehen selbst 120 °C und sind auch im Gefrierschrank einfach nicht umzubringen.

Hausstaubmilben

Kennzeichen

Ihr Körper ist länglich-oval, leicht behaart und von einer relativ dünnen Chitinschicht bedeckt, die sie gegen direktes Sonnenlicht (UV-Strahlung) empfindlich sein lässt. Kaum sichtbar, weil sie nur 0,1–0,5 mm groß sind, nisten sich die **Hausstaubmilben** (*Dermatophagoides* sp.) am liebsten im „Allerheiligsten" unserer Wohnungen ein: im Schlafzimmer. Tausende dieser Spinnentiere finden in nur 1 g Hausstaub Platz. Sie ernähren sich am liebsten von menschlichen und tierischen Hautschuppen.

Etwa 1,5 g verliert der Mensch täglich an Schuppen, und diese Menge reicht aus, um etwa 1,5 Millionen Milben satt werden zu lassen. Milben können diese aber nicht direkt verwerten: Für die Vorverdauung der fetthaltigen Hautschuppen sind Pilzarten (*Aspergillus*) notwendig, die mit den Milben in einer Symbiose leben.

Risiken

Nachweislich am höchsten ist die Milbenbelastung vor allem in unseren Schlafzimmern im Herbst und im frühen Winter. Am liebsten bewohnen Milben unsere Federbetten, besonders natürlich das Kopfkissen, wo sie ideale Voraussetzungen für ihre Vermehrung finden: reichlich Nahrung an Schuppen, eine gleichbleibende Wärme und eine hohe Luftfeuchtigkeit – Milben vermehren sich am stärksten bei einer Luftfeuchtigkeit von 60–70 %! Und so ist es nicht verwunderlich, dass allein in einem Kopfkissen an die 100 000 Milben hausen können.

Bevorzugte Lebensräume von Milben sind auch offene Regale, Vorhänge und Trockenblumensträuße, auf die empfindliche Menschen gänzlich verzichten sollten. Tierische Feinde der Milbenverbreitung sind Raubmilben und Weberknechte, Silberfischchen und Bücherskorpione.

Viele Menschen sind gegen Hausstaubmilben allergisch und leiden dann unter Schnupfen, juckenden Augen oder Atembeschwerden bis hin zu asthmatischen Anfällen, Auslöser ist ein Allergen im Milbenkot. Für Allergiker ist es also verständlicherweise sehr wichtig, die Milbenkonzentration möglichst niedrig zu halten.

Vorbeugen und bekämpfen

Milben bevorzugen zu ihrer Vermehrung im menschlichen Bett **Temperaturen** von etwa 25 °C. Im Schlafzimmer sollte eine Temperatur von 18 °C herrschen, um die Milbenzahl niedrig zu halten. Bei Temperaturen über

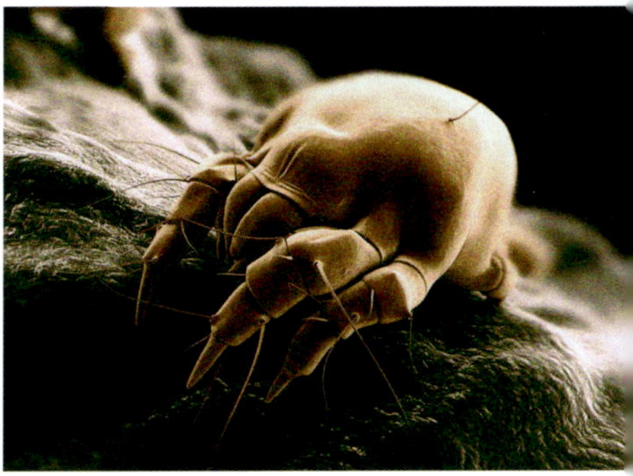

Mit bloßem Auge kaum zu sehen: die Hausstaubmilben.

In einem Gramm Hausstaub sind bis zu 10 000 Milben.

Milbenunfreundliche Textilien tragen oft dieses oder ein ähnliches Zeichen.

Checkliste: So machen Sie es Milben schwer

- Verzichten Sie auf allerlei Staubfänger wie etwa Dekomaterialien, wenn möglich Teppiche, Polstermöbel, offene Regale, viel Textil-Deko oder Stofftiere.
- Bevorzugen Sie glatte Oberflächen (z. B. Leder statt Textil oder Laminat statt Teppich) in Ihrer Wohnung; sie bieten Milben und Staub kaum Raum und sind leicht zu reinigen.
- Statten Sie alle Betten im Schlafraum des Allergikers mit milbenfeindlichen Textilien aus.
- Reinigen Sie regelmäßig Textilien und Stofftiere durch Waschen oder Tiefgefrieren.
- Tauschen Sie Matratzen spätestens nach acht Jahren aus.
- Wechseln Sie die Kleidung lieber im Bad als im Schlafzimmer.
- Lüften Sie alle Räume regelmäßig und halten Sie das Raumklima trocken.
- Achten Sie beim Staubsaugerkauf auf spezielle Milben-Filter.
- Haustiere wie Hunde, Katzen oder Hamster gehören auch besuchsweise nicht ins Schlafzimmer.

60 °C sind Hausstaubmilben nach spätestens zwei Stunden tot (das Bettzeug kann beispielsweise in die Heimsauna gelegt werden!).

Extreme Kälte mögen Milben überhaupt nicht. Forscher haben festgestellt, dass man Milben in Textilien sehr wirkungsvoll dadurch loswird, dass man die von ihnen befallenen Textilien – natürlich in Plastiksäcken verpackt – 24 Stunden lang in einen Eisschrank mit einer Temperatur von −18 °C legt, um sie abzutöten. Und weil die meisten Allergene im Kot der Tiere stecken, sollten Stofftiere oder die Bettwäsche nachher noch in der Waschmaschine gewaschen werden.

Staubsauger mit speziellen Filtern können ebenfalls gute Dienste leisten.

In Daunen- und Federbetten fühlen sich Milben richtig wohl. Wenn Sie Hausstauballergiker sind, trennen Sie sich am besten davon und ersetzen diese durch **milbenunfreundliche Textilen** aus Kunstfasern. Bettzeug sollten Sie möglichst jeden Tag auslüften (der Mensch verdunstet pro Nacht 2–3 l Wasser!). Auch die Anschaffung einer Spezialbettwäsche für Milbenallergiker ist bedenkenswert.

Dauerhaft reduzieren lässt sich die Zahl der Tierchen aber nur, indem Sie ein **trockenes Raumklima** schaffen (weniger als 50 % relative Luftfeuchte, trockene Heizungsluft). Zuvor müssen Betten, Polster und Teppiche allerdings gründlich gereinigt werden. Das Anbringen eines Hygrometers im Schlafzimmer (es kann ja hinter Vorhängen versteckt sein) ist daher sinnvoll.

Asthma durch Milbenkot

Erste Anzeichen für eine Milbenallergie kündigen sich durch Niesanfälle, eine verstopfte Nase und juckende Augen beim morgendlichen Aufwachen an. Wird diese Allergie nicht rechtzeitig behandelt oder schützt man sich nicht nachhaltig gegen diese Gesundheitsschädlinge, kann man Asthma bekommen. So weit sollten Sie es auf keinen Fall kommen lassen, denn dann ist es für jede Vorbeugemaßnahme zu spät. Eine von Peter Grozsche vom Cochrane Centre in Kopenhagen durchgeführte Serie von 54 Studien mit über 3000 Asthmapatienten hat ergeben, dass weder spezielle Matratzenbezüge noch pflanzliche und chemische Pestizide oder häufige Heißwäsche des Bettzeugs den Asthmapatienten Erleichterungen verschafft hätten.

Der Grund: Zwar würde dadurch der Milbenbestand reduziert, doch reiche dies nicht aus, um die allergischen Asthmaanfälle zu verhindern. Helfen könnten laut dieser Spezialisten dann nur noch Cortison-Präparate und Cortison-Lungensprays.

Zecken

Kennzeichen

Zecken (Ixodida) gehören zu den Milben und sind weltweit verbreitet. Sie haben es auf Wirbeltiere abgesehen, deren Blut sie einsaugen, bis sie so prall sind, dass sie von der Haut abfallen. Sind sie noch nicht vollgesaugt, ist ihr etwa 2 mm langer Körper eher flach. Mit ihrem Stechorgan, das mit einem Widerhaken ausgestattet ist, verankern sie sich in der Haut und können oft nur sicher mithilfe einer Pinzette entfernt werden.

Zecken sind wasserscheu: Ihre Atemöffnungen liegen an den Hinterbeinen, und wenn sie dem Wasser nicht mehr entfliehen können, dann ersticken sie.

Es zieht diese Tierchen zwar nicht direkt zu uns in die Wohnungen, im Fell von Katzen und Hunden können sie uns aber durchaus ins Haus geschleppt werden. Bei uns ist der **Gemeine Holzbock** (*Ixodes ricinus*) die häufigste Art.

Sie lauern in den Sommermonaten fast überall, wo ihnen Menschen begegnen können: bei Wanderungen in Wäldern und Flusstälern, in Biergärten und im Garten rund um das Haus. Nicht zu unterschätzen ist die Zeckengefahr beim Heckenschneiden oder sonstigen Arbeiten im Garten, während derer man im Gestrüpp werkelt.

Lieblingsaufenthaltsorte sind auch Waldränder und Untergehölze; aber auch in hohem Gras, ganz gleich ob in der freien Natur oder in unserem eigenen Garten, warten sie auf Wirtstiere und Menschen. Vor allem die Federn der Vögel und das Fell von Igeln und Mäusen nutzen die Zecken als Transportmittel, um dorthin zu kommen, wo sie die idealen Plätze finden für ihre Attacken auf Mensch und Tier und wo es warm und trocken ist.

Risiken

Zecken übertragen höchst gefährliche Krankheiten, wie beispielsweise Lyme-Borreliose, Rückfallfieber, Piroplasmosen, Rickettsiosen oder Zecken-Enzephalitis (auch unter den Namen FSME, Frühsommer-Meningoenzephalitis oder Gehirnhauentzündung bekannt). Milde Winter fördern die Population der Zecken. Die Folge davon ist, dass die Frühsommer-Meningoenzephalitis-Erkrankungen steigen, vor allem im flusstalreichen Süddeutschland (besonders Bayern) und auch in Österreich in den Donautälern.

Vorbeugen und bekämpfen

Weil sie sich zumeist im Gebüsch versteckt halten und mithilfe ihrer Wirtstiere (Mäuse, Hunde, Katzen, Vögel) schnell überallhin verbreitet werden können, ist gegen Zecken letztendlich auch kein Kraut gewachsen. Ihnen aus dem Weg gehen können Sie nur, wenn Sie bei Wanderungen und Spaziergängen jene **Gebiete meiden**, die – oft sogar mit kleinen Hinweisschildern – vor häufigem Zeckenvorkommen warnen, und sich nicht auf Wegen aufhalten, die durch dichtes Gestrüpp führen.

Denken Sie auch an die richtige **Bekleidung**: Statten Sie sich am besten im Fuß-Bein-Bereich mit langen Socken und eng schließendem Schuhwerk aus; auch die Arme bis hin zum

Die Zecke wartet mit ihren nach vorne ausgestreckten Vorderbeinen auf ihr Opfer.

Handgelenk sind mit langärmeligen Hemden, Blusen und Pullis besser geschützt. Denken Sie auch an eine Kopfbedeckung, um den Zecken keine Angriffsflächen zu bieten.

Als altes Hausmittel wird empfohlen, sich mit **Knoblauchsaft** einzureiben oder Knoblauch zu essen, da dieser Geruch von Zecken und auch Flöhen gemieden wird. Neuerdings gibt es auch für Hunde Antizecken-Tabs mit starkem Knoblauch-Bestandteil, die dem Zeckenbefall vorbeugen sollen.

In Apotheken, Drogerien und immer öfter in Supermärkten werden Zecken-Abwehrmittel angeboten. Doch Tests haben ergeben, dass die meisten von ihnen wirkungslos sind oder nur einen Schutz bis zu zwei Stunden nach dem Auftragen oder Einsprühen bieten.

Oberste Regel

Nach dem Aufenthalt in Natur oder Garten sollten Sie sich sofort gründlich nach Zecken absuchen.

Um Zecken nicht in die Wohnung einzuschleppen, ist es wichtig, Hunde und Katzen nach ihren Ausflügen im Freien stets auf Zecken **abzusuchen**. Gegebenenfalls müssen die Zecken **sofort entfernt werden** – es gibt hierzu ganz spezielle Zeckenzangen, praktischer sind aber Zeckenkarten und Zeckenschlingen. Anschließend können

Sie die Übeltäter beispielsweise über das WC entsorgen.
Beachten Sie beim Entfernen folgende Punkte:

- nicht nur den mehr oder weniger voll gesaugten Hinterleib abreißen, sondern den Zeckenkopf mit den sich festgebissenen Mundwerkzeugen orten, mit der Zeckenzange greifen und langsam aus der Haut ziehen;
- versuchen Sie, den Hinterleib dabei nicht zu quetschen, sonst erhöhen Sie die Infektionsgefahr;
- am besten ein Desinfektionsmittel oder eine Wundsalbe bereithalten, um den Zeckenbiss damit zu behandeln;
- falls der Kopf stecken bleiben sollte, auf jeden Fall einen Arzt aufsuchen;
- auch dann, wenn sich ein paar Tage nach dem Zeckenbiss (zu dem es meist von Mai bis Oktober kommen kann) die Haut um die Zeckenwunde zu röten beginnt oder Sie sich unwohl und matt fühlen, zum Arzt gehen.

Das Entfernen der Zecke mit der **Schlinge** verhindert, dass sich die Zecke erbricht und so gefährliche Krankheiten überträgt. Zugleich wird ein Steckenbleiben des Kopfes vermieden und damit das Risiko einer Entzündung reduziert. Die Handhabung ist auf der Verpackung genau beschrieben. Zeckenschlingen kosten in Apotheken 4,50 Euro.

Die **Zeckenkarte** aus Kunststoff hat die Größe einer Kreditkarte und kann überall am Körper angewendet werden, sodass sie auch im Geldbeutel mitgenommen werden kann. Sie funktioniert so: Die Einkerbung der Karte unter die Zecke schieben, Karte vorne leicht anheben und weiterschieben – so wird die Zecke per Hebelkraft aus der Haut herausgeschoben. Die Zeckenkarte ist für 2,50 Euro erhältlich.

Wanderröte nach Zeckenbiss

Eine kreis- bzw. ringförmige, wachsende Rötung rund um den Zeckenbiss herum kann ein Zeichen auf eine Borreliose-Infektion sein. Bleibt eine solche Rötung aus, heißt das aber leider noch lange nicht, dass keine Borreliose übertragen worden ist. Gesundheitliche Beschwerden in naher oder ferner Zukunft können also auch ohne Wanderröte auf einen Zeckenbiss zurückzuführen sein.

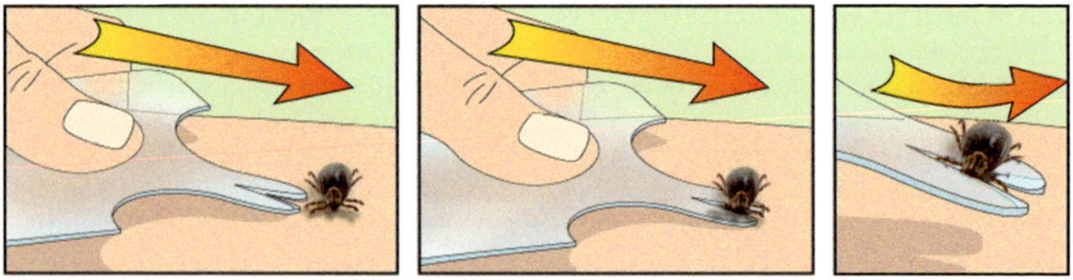

Die einfache Anwendung macht die Zeckenkarte immer populärer.

Läuse

Kennzeichen

Rund 350 verschiedene Arten von Läusen (Anoplura) bevölkern die Welt, 25 davon kommen in Mitteleuropa vor. Diese ungeflügelten Krabbler mit ihren abgeflachten Körpern sind 1–6 mm lang und mit stechend-saugenden Mundwerkzeugen sowie mit Klammerfüßen ausgestattet. Befallen werden von ihnen vor allem Huf- und Nagetiere, Katzen, Affen, Fledermäuse, Marder, Bären und Pflanzen; aber auch Menschen werden von diesen Parasiten nicht verschont. Ihre Wirtstiere sorgen für eine ständige Ausbreitung – auch hin zu den menschlichen Behausungen. Kleiderlaus, Kopflaus und Filzlaus suchen speziell die Nähe zum Menschen.

Die **Kopflaus** (*Pediculus humanus capitis*) ist weißlich grau, etwa 3 mm lang und ernährt sich von menschlichem Blut, das sie mehrmals am Tag saugend aufnimmt. Der entstehende Juckreiz wird durch Speichelsekrete verursacht, die die Blutgerinnung verhindern.

Filzläuse (*Phthirus pubis*) sind etwa 1–1,5 mm lang und haben einen grauen, kurzen, aber breiten Körper. Die weißlichen bis braunen **Kleiderläuse** (*Pediculus humanus humanus* oder *Pediculus humanus corporis*) sind etwa 4 mm lang, ihr Körper ist länglich.

Kopfläuse sind an ihrer länglichen Körperform zu erkennen.

Risiken

Leider sind heutzutage in Nordeuropa die **Kopfläuse** wieder auf dem Vormarsch – zumal sie oft auch von Urlaubsreisen (wie auch Filz- und Kleiderläuse) als unliebsame Mitbringsel eingeschleppt werden. Glaubte man nämlich bislang, dass die Kopfläuse nur infolge eines direkten Kontakts von Kopf zu Kopf übertragen werden, haben Dermatologen herausgefunden, dass diese ungebetenen Gäste auch durch Föhne und Kämme sowie durch das Trocknen der Haare mit dem Handtuch auf andere Menschen transferiert werden können.

Besonders dort, wo Menschen auf engstem Raum leben, verbreiten sich die Tiere schnell. In erster Linie in der kalten Jahreszeit, wenn warme Mützen und dicke Kleidung getragen werden, haben die Läuse leichtes Spiel.

Den Stich selbst spürt man übrigens nicht, weil die Läuse ein Lokalanästhetikum mit in den Stichkanal geben. Zum Juckreiz kommt es beim ersten

Befall erst nach ein paar Wochen, bei wiederholtem Befall schon während der ersten 48 Stunden.

An den Schamhaaren setzen sich die **Filzläuse** fest und werden zumeist bei intimen Kontakten übertragen. Als Überträger von gefährlichen Krankheitserregern spielen sie in Mitteleuropa keine Rolle.

Die **Kleiderläuse** leben nicht auf dem Menschen aber in dessen körpernaher Kleidung. Zur Nahrungsaufnahme begeben sie sich auf die Haut des Menschen und saugen Blut, was meist einen starken Juckreiz hervorruft und in seltenen Fällen auch zu einer Übertragung gefährlicher Infektionskrankheiten führen kann.

Alle Menschenläuse gelten als gefährliche Überträger von Krankheiten wie Fleckfieber, Fünftagefieber und Rückfallfieber.

Vorbeugen und bekämpfen

Je nachdem, ob die Läuse Menschen und Tiere oder aber Pflanzen befallen, gibt es **unterschiedliche Vorgehensweisen**.

Kopfläuse

Zur Vorbeugung ist es ratsam, alle Kleidungsstücke, die von Flohmärkten und in Secondhand-Geschäften stammen, zuvor **chemisch reinigen** zu lassen oder bei mindestens **60 °C zu waschen**. Letzteres gilt auch bei einem eventuellen Verdacht auf Flöhe.

Dem Münchner Experten Michael Forßborn zufolge, sollten Sie aufmerksam werden, wenn sich Ihr Kind häufiger am Kopf kratzt. Sehen Sie gründlich über den Schläfen, den Ohren und am Nacken nach. Hier finden Sie die Läuseeier (Nissen) am ehesten und können auch Einstiche feststellen. Am einfachsten ist es, dafür die Haare anzufeuchten und mit einer Haarspülung zu behandeln. Mit Ruhe, gutem Licht, einem Kamm und einer Lupe kommen Sie Laus und Nisse auf die Spur.

Wenn einmal ein Befall durch Kopfläuse festgestellt worden ist, empfehlen Dermatologen folgende Maßnahmen:

- die Haare aller direkten und indirekten Kontaktpersonen kontrollieren soweit möglich;
- Kleidung, Decken, Bettwäsche und Handtücher möglichst heiß waschen;
- Fußböden regelmäßig absaugen und wischen;
- in der Apotheke ein Läusemittel besorgen, mit dem die Haare gewaschen werden;
- anschließend die Haare mit einem speziellen Nissenkamm kämmen;
- Gegenstände, in denen Läuse vermutet werden, in einer Plastiktüte verstauen und etwa 24 Stunden bei −15 °C in eine Tiefkühltruhe legen, um die Läuse zu vernichten;
- Böden, Polstermöbel und Autositze mit dem Staubsauger bearbeiten.

Nissenkämme sind sehr nützlich

Bei einem Kopflausbefall können Sie einen Großteil der Plagegeister mit einem Nissenkamm entfernen. In den feinen Zinken dieser Plastikkämme bleiben die Nissen, also die Läuseeier, und auch die Läuse hängen.

Meldepflicht von Kopfläusen bei Kindern

Wenn Eltern bei ihren Kindern Kopfläuse entdecken, müssen sie in jedem Fall die Verantwortlichen der Kinderkrippe, des Kindergartens oder der Schule informieren. Diese Einrichtungen sind wiederum verpflichtet, die Fälle dem zuständigen Gesundheitsamt zu melden. Nur auf diesem Weg gelangen Läusefälle in die offizielle Statistik, und es kann für Abhilfe gesorgt werden. Seit 1999 sind solche Fälle stark angestiegen. Lehrer und Erzieher helfen mit, den Läusebefall rechtzeitig einzudämmen, indem sie Eltern darauf hinweisen, einen Hausarzt aufzusuchen, wenn sich das Kind auffallend oft am Kopf kratzt. Ist der Befund positiv, muss das Ergebnis der Schulleitung und dem Gesundheitsamt gemeldet werden.

Der Nissenkamm ist ein praktisches Mittel im Kampf gegen Läuse.

Filz- und Kleiderläuse

Die Filzlaus stirbt spätestens 24 Stunden, nachdem sie vom Körper des Menschen entfernt wurde. Es wird also empfohlen, die Scham- und Achselbehaarung einfach **wegzurasieren**. Zusätzlich sollte die **Kleidung** gewaschen und heiß getrocknet werden. Bei der **medikamentösen** Behandlung werden außerdem Lindan und Pyrethrumpräparate eingesetzt.

Kleiderläuse „entsorgt" man am besten, indem man Kleidungsstücke, Handtücher und Bettwäsche kochendheiß wäscht oder reinigen lässt.

Flöhe

Kennzeichen

Der 1,6–3,2 mm große, dunkel rotbraune und flügellose **Menschenfloh** (*Pulex irritans*) ist in Mitteleuropa zum Glück selten geworden. Viel häufiger werden Menschen vom **Hundefloh** (*Ctenocephalides canis*) oder **Katzenfloh** (*Ctenocephalides felis*) befallen.

Flöhe saugen bei Menschen und warmblütigen Tieren Blut – meist einmal pro Tag –, können jedoch auch bis zu ein Jahr ohne eine „Mahlzeit" auskommen.

Im Laufe seines etwa dreiwöchigen Lebens legt ein befruchtetes Flohweibchen bis zu 2500 Eier, die aus dem Fell der befallenen Tiere herausrieseln und so gleichmäßig in der Wohnung und im Garten verteilt werden. Nach wenigen Tagen schlüpfen aus diesen Eiern dann Larven, die sich über mehrere Häutungen zu Puppen entwickeln, welche etwa ein Jahr lang im Teppich und in Bodenritzen auf der Lauer liegen können.

Risiken

In unseren Häusern fühlen sich Flöhe an Haustieren, in Decken, Teppichen und Polstermöbeln besonders wohl, dort verbringen sie auch die meiste Zeit, nur zum Blutsaugen suchen sie den Menschen auf. Besonders an feucht-warmen Stellen, wie unter der Achsel oder in der Leiste hinterlassen die lästigen Tiere ihre juckenden Stiche.

Wenn sich die Katze öfters kratzt, sollten Sie sie auf Flöhe untersuchen.

Vorbeugen und bekämpfen

Flohhalsbänder für Katzen und Hunde sind so gut wie wirkungslos gegen Flöhe. Bei Ihrem **Tierarzt** bekommen Sie aber sowohl für Hunde als auch für Katzen Tropfen, die alle drei Wochen in den Nacken gestrichen werden und die erwachsenen Flöhe abtöten. So können wenigstens keine neuen Nachkommen mehr erzeugt werden. Gegen die Larven und Puppen in der Wohnung hilft dagegen nur **Staubsaugen und Dampfreinigen**.

Das Einsprühen der Wohnung mit Giftsprays ist nicht nur gesundheitsschädlich, sondern auch vollkommen wirkungslos gegen die Flohpuppen, die extrem widerstandsfähig sind. Über einen langen Zeitraum (Monate) müssen Sie allerdings diese umweltverträgliche Maßnahme des **Staubsaugens** – möglichst zweimal täglich – durchführen, um alle „Altlasten" in Form von Eiern, Larven und Puppen zu erwischen.

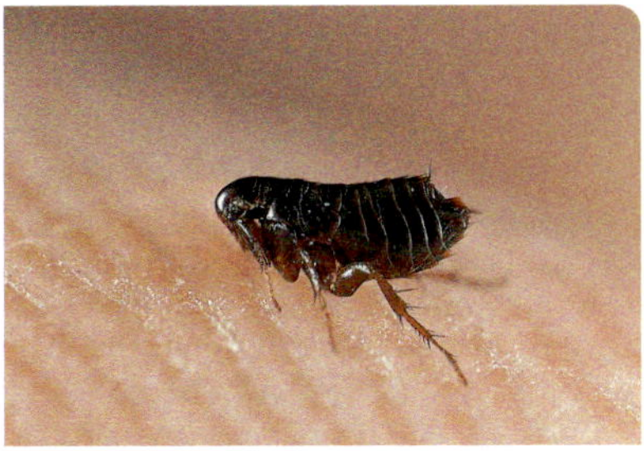

Der Menschenfloh: kleine Ursache, große Wirkung.

Flöhe machen „Straßen"

Auffallend ist, dass Flohstiche oftmals in einer Reihe angeordnet sind, man spricht dann von einer Flohstraße. Es wird vermutet, dass die lästigen Tierchen leicht zu irritieren sind und deshalb den Stich unterbrechen oder dass sie „Probestiche" vornehmen und daher mehrmals stechen.

Silberfischchen

Kennzeichen

Die **Silberfischchen** (*Lepisma saccharina*) zählen zu einer uralten Insektengruppe und fallen durch ihren schlanken, silbrig schimmernden Körper von etwa 8–13 mm Länge auf. Sie sind flügellos, besitzen aber Tastfühler, ihr Brustabschnitt ist verbreitert und an dem verjüngten Hinterleib sitzen drei borstige Anhängsel. Sie ernähren sich hauptsächlich von Hautschuppen und Haaren, Mehl, allen Arten von Zucker und Teigwaren.

Sie gelten als sehr fortpflanzungsfreudig, da die Weibchen bis zu 100 Eier legen, die sie in Ritzen aller Art verstecken. Silberfischchen sind ein besonders zähes Volk, denn es ist beobachtet worden, dass sie über Monate hinweg hungern können; zudem werden sie mehrere Jahre alt.

Risiken

Silberfischchen bekommt man nur selten zu Gesicht, weil sie dann, wenn ein Lichtstrahl auf sie fällt, ins sichere Dunkel verschwinden.

Wohl fühlen sie sich überall, wo es warm und feucht ist, beispielsweise in Duschen und Bädern, Saunen und auf den Böden der Küchenschränkchen, weil sie ja dort zuweilen Zucker und Zuckerprodukte als ihre Lieblingsmahlzeit finden. Ihre Verstecke finden sie auch in Textilien aus Baumwolle, Kunstfasern, Leinen und Seide und eben überall dort, wo es feucht zugeht. Jede nicht ganz dichte sanitäre Leitung, die für ein dauerhaft feuchtes Fleckchen sorgt, ist für sie eine begehrte Heimat.

Leider benagen sie gelegentlich auch Bücher und Textilien. Die Schäden halten sich aber in Grenzen. Entwickeln sie sich jedoch zu einer Invasion, sollten sofort Gegenmaßnahmen ergriffen werden.

Vorbeugen und bekämpfen

Es wird empfohlen, alle Wasserleitungen gründlich zu untersuchen ob sie nicht,wenn auch nur wenig, tropfen, und einen Lichtstrahl dorthin zu werfen, wo man schon seit Jahren nicht mehr nachgeschaut hat. Zu bekämpfen sind Silberfischchen sehr wirkungsvoll durch das ständige **Reinigen** der von ihnen bevorzugten Lebensräume. Sicherlich gibt es in Drogerien und Reformhäusern auch **Köderdosen** mit Lockmitteln zu kaufen, doch dieser Einsatz gleicht dem Kampf auf Spatzen mit Kanonen.

Kommen sie gar nicht aus ihren Verstecken, locken Sie sie mit einer **geriebenen Kartoffel** auf einer mit Wasser getränkten Pappe an und bringen sie möglichst schnell außer Haus. Erfolgversprechend ist diese Maßnahme jedoch nur, wenn Sie sie so lange wiederholen, bis keine Silberfischchen mehr zum ausgelegten Köder kommen. Noch unkomplizierter locken Sie die Tiere an, wenn sie nachts einen alten **feuchten Lappen** im Bad auslegen und ihn morgens mitsamt der Silberfischchen entsorgen.

Sehr wirkungsvoll (aber auch ein wenig grausam) ist es, sie in den Ausgüssen, Bädern und Duschen mit **kochendem Wasser** zu bekämpfen. In schlecht zugänglichen Verschraubungen von Rohren tut oft auch ein Dampfreiniger Wunder.

Stellen Sie jedoch dauerfeuchte Stellen im Haus fest, die selbst in heißen Sommern nicht austrocknen, muss diese durch einen Maurer oder einen Installateur **trockengelegt** werden.

Dass **natürliche Feinde** der Silberfischchen, wie etwa die Spinnen, deren Ausbreitung nachhaltig verhindern, ist nur ein schwacher Trost. Wer will schon so viele Spinnen im Haus haben?

Wer unbedingt zu **chemischen Mitteln** greifen will, der sollte ein 1:1-Gemisch aus Borax und Zucker herstellen und es vor die Schlupfwinkel dieser Tierchen streuen, um ihnen den Garaus zu machen. Im Normalfall ist es so, dass es bei sorgsamer Hygiene und gelegentlicher Bekämpfung mit den vorgenannten Methoden kaum zu einer Massenvermehrung kommen wird und daher in der Regel nicht zur chemischen Keule gegriffen werden muss.

Silberfischchen sind harmlose Mitbewohner unserer Bäder und Küchen.

Bettwanzen

Kennzeichen

Die rostfarbene, sechsbeinige Bettwanze (*Cimex lectularis*), die eine Größe von 4–6 mm erreicht, hat es nicht nur auf die Schlafstellen der Menschen abgesehen, sondern nistet sich gerne in den Nestern von Vögeln, beim Federvieh und in Ställen ein. Spatzen, Stare, Schwalben und Fledermäuse sind neben dem Menschen ebenfalls Wirtstiere. Weil der Körper dieses kleinen Blutsaugers, der nach der Nahrungsaufnahme runder und dunkler wird, mit den beiden vorstehenden Komplexaugen dorsoventral abgeplattet ist, wird er im Volksmund auch „Tapetenflunder" genannt.

Aufgerissene oder sich lösende Tapeten, Fußbodenleisten, Mauerrisse, Bücherregale, Schubladen, Nachtschränkchen und Bettgestelle dienen diesen nachtaktiven Plagegeistern als sichere Verstecke, wo sie zumeist nicht in den Sog von Staubsaugern kommen. Ein Weibchen kann bis zu 200 Eier legen, die sie mit einem wasserlöslichen Sekret – vermischt mit Kot – in ihren dunklen Verstecken anklebt. Daher ist das Auffinden sehr schwierig und die Ausbreitungsgefahr groß, wenn sie erst einmal in eine Wohnung Einzug gehalten haben.

Erkennen kann man einen Bettwanzenbefall auch indirekt an den Kotspuren. Diese zeichnen sich durch kleine schwarze Punkte an Tapeten, Bettwäsche oder am Bettgestellt aus, die sich mit Wasser allein nicht abwaschen lassen. Auch Blutflecken auf dem Bettlaken und mehrere Einstiche an einer Hautstelle („Wanzenstraßen") verraten sie. Als weitere Hinweise gelten ein starker, süßlicher Geruch und Spuren von Häutungen.

Risiken

Zur Plage für Mensch und Tier werden sie durch ihre feinen Stechborsten und die Gier nach Blut. Wenn man auch bei den Einstichen keinen direkten Schmerz spürt, reagiert die Haut auf die im Speichel – auch die Larven saugen bereits Blut! – enthaltenen Proteine mit Quaddelbildung und Blasen und lösen damit einen bei empfindlichen Menschen oft „barbarischen Juckreiz" aus, so der Chef des Frankfurter Gesundheitsamtes, René Gottschalk.

Wenn auch nicht ganz geklärt ist, ob die Wanzen zu Überträgern von Rückfallfieber (Chagas-Krankheit), Hepatitis (Gelbsucht), HIV und als Auslöser von Asthmaanfällen infrage kommen – allein schon durch das Kratzen an den kleinen Schwellungen, die bis zu zehn Tage anhalten können, kann eine Infektion entstehen.

Vorbeugen und bekämpfen

In Räumen mit neuen Betten und Schränken wird durch ständiges **Saugen und Reinigen** von Böden und Möbeln den Bettwanzen die Existenzgrundlage entzogen. Einzug halten sie nur dann, wenn sie sich in Koffern und Taschen versteckt bei der Rückkehr von Reisen Zugang zu den Schlafzimmern verschaffen. Deshalb sollten Sie das Reisegepäck bei der Heimkehr aus fernen Ländern nicht gleich in die Schlafgemächer schaffen, sondern viel-

Plagegeister wieder da

Seitdem der Staubsauger immer mehr Haushalte erobert hat, wurden Bettwanzenplagen seltener. In den fünfziger Jahren des vorigen Jahrhunderts – insbesondere nach intensiven Einsätzen von Pestiziden – galten sie in Mitteleuropa nahezu als ausgerottet.
Mit zunehmender Reiselust sind Bettwanzen, so das Bundesumweltamt, wieder auf dem Vormarsch. Heute müssen Schädlingsbekämpfer jährlich bis zu 15 Mal zum Kampf gegen diese Plage ausrücken, während man viele Jahre zuvor solche Fälle kaum noch kannte.

leicht sogar vor der Haustür oder auf dem Balkon auspacken und aussaugen, um diese unwillkommenen Lästlinge gar nicht erst in die Wohnung zu lassen. Auch wer Flohmarktware kauft, sollte auf diese Weise vorbeugen, um sich damit vor „blinden Passagieren" zu schützen.

Gerade auf Reisen tut man gut daran, seinen Körper mit **Schutzmitteln** gegen Insekten einzureiben oder einzusprühen. Mit Sprays und Lotionen sollte man sich deshalb bereits zu Hause in Drogerien, Apotheken usw. vor der Abreise eindecken.

Da ja Bettwanzen das Licht scheuen, ist es sinnvoll, bei Dunkelheit eine **Lichtquelle** eingeschaltet zu lassen und darauf zu achten, dass das **Bett frei im Raum** steht und nicht direkt an die Wände anstößt. Sinnvoll erscheint es auch, getragene Wäsche, die man erst zu Hause waschen will, in einen fest verschließbaren **Wäschesack** zu stecken, um damit einen Befall in der häuslichen Umgebung zu verhindern.

Vorsichtshalber ist es auch gut, befallene **Wäsche** bei 60 °C zu waschen und Kleidungsstücke, die solche Waschtemperaturen nicht vertragen, für 48 Stunden in die Tiefkühltruhe zu legen. Die Temperatur sollte dort höchstens −16 °C betragen.

Wird man schon von diesen Schmarotzern geplagt, ist **rascher Einsatz** – teils auch mit Kammerjägern – notwendig, um der Wanzenpopulation Herr zu werden. Alte **Tapeten** müssen entfernt und am besten durch Anstriche ersetzt, **Teppiche** gereinigt oder Teppichböden für immer entfernt werden.

Es wird empfohlen, die Bekämpfung der Tiere mit Insektiziden einem **Schädlingsbekämpfer** zu überlassen. Wer sich dennoch selbst als Bettwanzen-Bekämpfer ans Werk wagt, der sollte beim Kauf von Insektiziden (z. B. Ziemex-Bettwanzen-Aerosol) die Gebrauchsanleitung gut durchlesen und danach auch handeln.

Wegen ihres platten Körpers werden Bettwanzen auch „Tapetenflundern" genannt.

Asseln

Kennzeichen

Die etwa 18 mm langen Krebstiere sind schwarzbraun gefärbt, besitzen einen breit-flachen, fein gezackten, gegliederten Rückenpanzer mit zwei helleren Fleckenreihen, 14 Schreitbeine und 12 Spaltfüße sowie eine Schwanzplatte mit Tastorganen. Sie sind „Untergrundkämpfer", weil sie, wie schon ihr Name sagt, vor allem die Untergeschosse und Keller besiedeln. Sie ernähren sich in der Regel von faulenden Pflanzenteilen und Abfällen, den sie in Dünger verwandeln. Zu den Landasseln (Oniscidea) zählen außer den **Kellerasseln** (*Porcellio scaber*) auch die **Mauerasseln** (*Oniscus asellus*) und die **Rollasseln** (*Armadillidium vulgare*). Im Gegensatz zu den Mauerasseln können sich die etwas glatteren Rollrasseln zusammenrollen, wenn man sie stört.

Bei Gefahr rollt sich die Rollassel schnell zusammen.

Die Mauerassel ist glänzender, etwas breiter und zudem flacher als die bekanntere Kellerassel.

Risiken

Asseln sind auf eine hohe Luftfeuchtigkeit (mindestens 70 %) angewiesen und suchen sich vor allem feuchte Keller als Quartier aus. Auch in Duschen, Badezimmern und Vorratsräumen sind sie anzutreffen, dem Menschen werden sie aber nicht gefährlich.

Vorbeugen und bekämpfen

Loswerden können Sie Kellerasseln auf Dauer nur, wenn Sie die unterirdisch liegenden Räumlichkeiten gut belüften, um vor allem die **Luftfeuchtigkeit reduzieren**. Letzteres kann auch mit speziellen Trockenlegungsgeräten, die Sie sich bei Baumärkten und Spezialanbietern ausleihen können, oder auch mit Heizstrahlern und Heizlüftern aller Art geschehen. Nötigenfalls müssen

Sie solche Einsätze oft wiederholen, um die Trockenheit aufrechtzuerhalten. Vor allem ist darauf zu achten, dass in Kellern und Abstellräumen keine **organischen Abfälle** herumliegen, die für Kellerasseln ein gefundenes Fressen sind.

Nehmen sie einmal überhand, können sie mit **Ködern**, wie etwa fauligen Pflanzen (Kartoffeln eignen sich gut), aus ihren Verstecken in den Mauernischen hervorgelockt und einsammelt werden.

Damit sie nicht aus Kellerfensterschächten zuwandern können, sollten Sie die Lüftungsfenster mit einem feinmaschigen **Fliegengitter** versehen. Stellen Sie im Mauerwerk Ritzen oder Löcher fest, verfugen Sie sie mit Spachtelmasse oder Zementmörtel.

Asselfalle selbst gemacht

Wenn man Blumentöpfe mit feuchter Holzwolle und gekochten Kartoffeln füllt und sie mit der Öffnung gegen eine Wand stellt, locken sie die Krebstierchen an. Haben sich genügend in diesen Fangtöpfen versteckt, können sie bequem in den Biomüll verfrachtet werden.

Als **biologisches Bekämpfungsmittel** wird empfohlen, Blumentöpfe als Asselfallen aufzustellen.

Der große **natürliche Feind** der Kellerasseln wie auch der Silberfischchen sind die Trichterspinnen.

Schaben

Kennzeichen

Weltweit kennt man 3500 Arten von Schaben (Blattodea), davon 15 Arten in Mitteleuropa. Sie erreichen in Europa eine Körperlänge von 5–40 mm. In unseren Häusern kommen von den Schaben, im Volksmund auch als Kakerlaken bekannt, vor allem die drei folgenden Arten vor:

Die 13–16 mm lange **Deutsche Schabe** (*Blatella germanica*) legt innerhalb von nur 40 Tagen 15–60 Eier. Erkannt werden kann sie an ihrem flachen hellbraunen Rumpf mit zwei Längsstreifen auf dem Halsschild, an ihren sehr langen Fühlern und an den peitschenförmigen Laufbeinen. In ihrem Hinterleib besitzt sie Stinkdrüsen. Obwohl mit einem Doppelpaar von häutigen Flügeln ausgestattet, die bei den Weibchen verkümmert oder gar nicht erst vorhanden sind, gelten Schaben als schlechte Flieger. Sie sind nachtaktiv und können sogar Wände hinauflaufen und bis zu 10 cm weit springen.

Ähnlich der Deutschen Schabe ist die **Amerikanische Großschabe** (*Periplaneta americana*), die 23–36 mm lang werden kann; sie ist rotbraun gefärbt und trägt eine gelbe Binde am hinteren Halsschildrand.

Die **Orientalische Schabe** (*Blatta orientalis*), auch unter dem Namen **Ge-**

Die Deutsche Schabe erkennt man an ihrer hellen Farbe.

Die lichtscheue Küchenschabe hat es auf unsere Nahrungsmittel abgesehen.

Eine Schabe kommt – leider – selten allein!

meine **Küchenschabe** oder Kakerlake bekannt, ist 20–30 mm lang und dunkelbraun gefärbt.

Schaben gelten mit ihren beißenden und kauenden Mundwerkzeugen als Allesfresser, bevorzugen aber vor allem pflanzliche Nahrung.

Risiken

Schaben sind der Schrecken aller Hausfrauen und -männer, Gaststätten und Bäckereien, vor allem aber auch der Großküchen. Während sie sich tagsüber in uneinsehbare Ritzen zurückziehen, werden sie nachts wie ein Wiesel aktiv und gehen auf Nahrungssuche, wobei sie sich über jegliche Lebensmittel und Speisereste hermachen. Ein großes Hygieneproblem stellen sie vor allem deshalb dar, weil sie in kurzer Zeit eine umfangreiche neue Brut in die Welt setzen.

Schaben sind ungesund

Diese kleinen Tierchen sind nicht nur eklig anzusehen, sie verderben auch Lebensmittel und verunreinigen Wohn- und Vorratsräume. Als Krankheitsüberträger gefährden sie außerdem die Gesundheit von Mensch und Tier. Nachgewiesen werden konnte, dass sie Schimmelpilzsporen verbreiten und Krankheiten wie Typhus, Tuberkulose, Cholera, Ruhr, Hepatitis B und sogar die Kinderlähmung übertragen.

Schaben fühlen sich an Plätzen mit Durchschnittstemperaturen von 25–30 °C am wohlsten. Sie halten sich vor allem in abgeschlossenen, schlecht durchlüfteten und feuchten Räumen auf, wo sie vor Sonnenlicht geschützt sind. Aufspüren können Sie die flink huschenden Läufer vor allem nachts, wenn Sie sie mit der Taschenlampe in Kellern, Speisekammern, Küchen und Saunen überraschen. Auch der von ihnen, wenn sie in Massen auftreten, hinterlassene Gestank und ihr krümeliger Kot verrät Ihnen ihre Anwesenheit.

Vorbeugen und bekämpfen

Als Vorsichtsmaßnahme, um die Schaben nicht in den eigenen Haushalt einzuschleppen, sollten Sie nach dem Einkaufen **Kartons von Großmärkten** nicht mit ins Haus nehmen. Schaben nisten sich gerne auch im **Reisegebäck** und in Handtaschen ein, vor allem wenn man in warmen Ländern auf Reisen war. Deshalb das Auspacken zu Hause eventuell über der Badewanne vornehmen, die Sie dann gleich ausspülen können!

Regelrechte Verlockungen für Schaben sind unsaubere Keller, Küchen und Küchenschränke, Speisekammern, Abfallbehälter und **Mülltonnen**. Nach ihrer Entleerung sollten Sie Letztere am besten gleich mit heißem Wasser ausspülen.

Bekämpfen lassen sich Schaben leider nicht mit Hausmitteln. Falls Sie Verdacht auf Schabenbefall haben, sollten Sie mit ungiftigen **Klebefallen** herausfinden, wie groß der Befall im Haus oder der Wohnung ist. Weitere Klebefallen oder **Köderdosen** bekämpfen die flinken Eindringlinge, doch sollte das auch nicht ausreichen, muss ein **Schädlingsbekämpfer** gerufen werden.

Hausgrillen (Heimchen)

Kennzeichen

Das **Heimchen** (*Acheta domesticus*) ist eigentlich ein niedlicher Sänger, der uns in lauen Nächten mit seinem melodischen Gezirpe erfreut. Doch in der eigenen Wohnung will man dieses hell- bis graubraune, etwa 2 cm lange Geschöpf dann doch nicht ständig haben, denn durch das endlose Gezirpe der Männchen, die damit ein Weibchen anlocken möchten, können sie einem wirklich den Schlaf rauben. Hausgrillen sind größtenteils nachtaktiv, sie lieben dunkle Verstecke und sind äußerst scheu. Sie überleben nur bei Temperaturen von 25–30 °C; im Winter ziehen sie sich folglich in unseren Breiten in die Häuser zurück. Sie haben zwar Flügel, können aber nicht fliegen.

Die Tiere ernähren sich von abgestorbenen Pflanzenresten, Aas und kleineren Insekten, aber auch von unseren Speiseabfällen und Vorräten in den Speisekammern.

Das Heimchen hat dunkle Zeichnungen auf Kopf und Halsschild.

Risiken

In der warmen Jahreszeit leben Heimchen meist im Freien, im Winter dagegen ausschließlich in Häusern. Da zu ihren Lebensräumen außerdem auch Mülldeponien und Komposthaufen zählen, sind sie in unseren Wohnräumen nicht gern gesehen. Sie verderben Lebensmittel und können so zu Magen- und Darmverstimmungen führen.

Vorbeugen und bekämpfen

Haben Sie Heimchen im Haus, werden Sie sie nur schwer wieder los. Und ihren Besuchen vorzubeugen ist ebenfalls nicht einfach. Auf alle Fälle sollten Sie gegen sie so vorgehen, wie gegen all die Insekten, die den Weg durch die Ritzen im Mauerwerk, an Fenstern, Türen und Lüftungsschächten ins Hausinnere suchen: alles fein säuberlich mit Mörtel, Spachtelmasse und Fliegengittern **abdichten**.

Doch ein guter Rat soll nicht vergessen werden: **Wandverkleidungen**, die mit einer Lattung auf der Mauer angebracht sind, gelten als ideale Verstecke für diese nervenaufreibenden Sänger. Sind sie einmal dort untergekommen, entledigen Sie sich am besten der Wandverkleidung (und damit auch der Heimchen) und tragen Fein- oder Rauputz auf, um dem Ärgernis ein für alle Mal Herr zu werden.

Bekämpfen kann man die lästigen Tierchen zwar mit **Köderdosen**, doch der Erfolg ist nicht immer gewiss!

Museumskäfer

Kennzeichen

Der **Museumskäfer** (*Anthrenus museorum*) ist auch unter dem Namen Kabinettkäfer bekannt und gehört zur Familie der Speckkäfer. Der braunschwarze, 2–4,5 mm lange Käfer kann seine Fühler auf dem vorderen Halsschildseitenrand und die Beine in eine Aussparung auf der Unterseite des Körpers einlegen. Die Flügel haben unregelmäßig verteilte, weiße Flecken.

Rund 20 Eier legen die Weibchen in dunkle Ritzenverstecke; aus ihnen schlüpfen dann in nur wenigen Tagen die hellbraunen, etwa 5 mm langen Larven. Die Larven ernähren sich vorzugsweise von toten Insekten, ausgetrockneten Fleischwaren, Wolle und Daunen. Ihre Pfeilhaare haben Gifte in sich, die beim Menschen bei Berührung Allergien auslösen können.

Risiken

Diese Käferart trägt nicht zu Unrecht den Namen Museumskäfer, da sie nicht nur im trauten Heim, sondern in altehrwürdigen Schlössern, Kirchen und Museen große Schäden an den Kulturgütern anrichten kann. Werden die kleinen Krabbler nicht bekämpft und vernichtet, greifen sie Polstermöbel und Wand- und Bodenteppiche an; Ölgemälde bleiben dagegen von ihnen verschont.

Vorbeugen und bekämpfen

In Museen und anderen historischen Gebäuden wird bei einer Masseninvasion der Museumskäfer der Kammerjäger gerufen, der mit **Trocknungs- und Hitzegeräten** (mehrere Stunden über 55 °C oder mit **Mikrowellen** technisch hochgerüstet gegen sie vorgeht und für käferfreie Zonen sorgt.

Aus Polstermöbeln mit Rosshaarfüllung vertreibt man durch **Hitzeeinwirkung** die Schädlinge, Teppiche werden dagegen in Folie eingeschweißt und mit **Kohlendioxid** behandelt. Letztere Methode ist umweltverträglich und gefährdet weder Menschen noch die Kulturgüter selbst.

Meistens können Sie im eigenen Heim auf den Einsatz eines Kammerjägers verzichten. Schützen Sie Wollsachen, Pelze und Teppiche dadurch, dass Sie sie regelmäßig mit dem Staubsauger **absaugen** oder nötigenfalls zur **chemischen Reinigung** bringen. In Drogerien und Reformhäusern gibt es auch **chemische Mittel** wie Silikatgel beziehungsweise -stäube, um sich vor größeren Schäden zu schützen. Letztere lassen sich selbst in die kleinsten Spalten einbringen, in die sich diese lichtscheuen Schädlinge gerne einnisten.

An den „zufällig“ verteilten weißen Flecken auf den Flügeln ist der Museumskäfer zu erkennen.

Mehlkäfer

Kennzeichen

Als zu Großvaters Zeiten das Mehl für kleinere Haushalte noch in ganzen Säcken eingekauft und in speziellen hölzernen Mehltruhen gelagert wurde, war der **Mehlkäfer** (*Tenebrio molitor*) ein weitverbreiteter Schädling im eigenen Haus.

Dieser längliche, kompakt aussehende Käfer mit einer Länge von 10–18 mm wechselt seine Farbe an seiner Oberseite in den ersten Entwicklungsstufen von einem hellen Braun über ein Rotbraun zu einem Schwarz, während seine Brust und die Beine nebst Fühlern rotbraun bleiben. Die Deckflügel sind mit Längsrillen versehen.

Mehlkäfer.

Vom Mehlkäfer findet sich auch die Larve, der Mehlwurm, in unseren Vorräten.

Risiken

Wenn Mehl und Getreideprodukte nicht säuberlich in gut verschlossenen Blech-, Glas- oder Plastikdosen aufbewahrt werden, nistet sich der Mehlkäfer mitsamt seinen Larven gerne in unseren Wohnungen ein und lässt sich dann nicht mehr so leicht vertreiben. In den warmen und dunklen Vorratskammern fühlt er sich besonders wohl.

Als Nahrungsmittel kommen ihm – wie der Name schon sagt – Mehl und Gebäck gerade recht. Wenn er sich im Freien einquartiert, sind Vogelnester und vermoderndes Holz begehrte Aufenthaltsorte. Von hier aus sucht er nach Insekten, seiner Hauptnahrungsquelle, frisst aber gelegentlich auch seine eigenen Larven auf.

Mehlwürmer

Die Larven der Mehlkäfer werden Mehlwürmer genannt, obwohl sie im zoologischen Sinne keine Würmer sind. Wenn sie roh in eine unserer Speisen kommen, können sie den Zwergbandwurm (*Hymenolepis nana*) übertragen. Sie werden aber andererseits auch gezüchtet und als Tierfutter oder Köder zum Angeln verkauft.

Vorbeugen und bekämpfen

Bieten Sie den Käfern von vornherein **keine Lockstoffe**. Achten Sie in Spei-

Dem Speckkäfer schmecken unsere Lebensmittel ebenfalls.

sekammern und Lebensmittelschränken also peinlichst darauf, dass Mehl, Teigwaren, Brot, Müslis und Körner aller Art nicht verstreut werden und in Plastik-, Glas- oder Blechdosen lagern.

Regelmäßig sollten die Vorräte kontrolliert und die Schränke leicht feucht, aber keinesfalls nass gewischt werden.

Entdecken Sie dennoch Larven oder Mehlkäfer, müssen die befallenen Vorräte beherzt **weggeworfen** werden. Eine chemische Bekämpfung sollten Sie in Lebensmittelschränken tunlichst unterlassen, denn damit könnten Sie sich selbst schaden.

Andere Käfer – gleiches Vorgehen

Der bis zu 11 mm lange, braunschwarze **Gemeine Speckkäfer** (*Dermestes lardarius*) hat es auf Speck, Trockenwürste und Felle abgesehen, zu erkennen ist er an den hellen Haarbinden an seinen Flügeln.
Besonders in den Vorratskammern bäuerlicher Anwesen anzutreffen ist der flache, braune **Getreideplattkäfer** (*Oryzaephilus surinamensis*), der wegen seiner geringen Größe von nur 3–4 mm oft übersehen wird.
Wie der Name schon vermuten lässt, liebt der 2–3 mm lange **Brotkäfer** (*Stegobium paniceum*) alles, was gebacken ist; aber auch Tiernahrung und Süßigkeiten verschmäht er nicht.
Auf Getreide in seinen vielfältigen Formen hat es der dunkelbraune bis schwarze, 3–6 mm lange **Reismehlkäfer** (*Tribolium* sp.) abgesehen. Wenn das Weibchen seine Eier in Lebensmitteln abgelegt hat, sind diese unweigerlich verdorben und verströmen außerdem einen strengen Geruch.

Auch für die im Kasten (oben) aufgeführten Käfer gelten die genannten Ratschläge zur Vorbeugung und Bekämpfung.

Hausbock

Kennzeichen

Die Weibchen des relativ breiten und flachen **Hausbocks** (*Hylotrupes bajulus*) werden 8–22 mm lang, die Männchen erreichen nur 8–16 mm. An der Oberseite ist der Käfer dunkelbraun mit mehr oder weniger dichter, grauer Behaarung, auf den Flügeldecken zeichnen sich zwei hellere Haarbinden ab, der Halsschild ist abgerundet und trägt zwei dunklere Schwielen.

Der Schrecken aller Hausbesitzer sind die Larven des Käfers (wie auch die des Parkettkäfers). Sie sind beinlos, haben einen schwarzbraunen Kopf, einen elfenbeinfarbenen Körper und können bis über 20 mm lang werden. Die Larven entwickeln sich am besten bei Temperaturen von 25–30 °C und einer Holzfeuchte von 30 %.

Risiken

Die bevorzugte Heimat des Hausbocks sind die Nadelwälder, wo große Schäden auftreten können, wenn sich die Larven im toten und trockenen Holz entwickeln. Doch nicht weniger gefährlich wirkt sich der Fraß dieses Bockkäfers in Dachstühlen, aber auch an Türen und hölzernen Fußböden aus. Meist sind Nadelhölzer betroffen, seltener Laubholzarten.

Erkennen lässt sich ihre Zerstörungsarbeit am Nagemehl und den Kotrückständen. Sie fressen sich geräuschvoll (Stethoskop!) dicht unter der Oberfläche durch das Holz, wobei etwa 6–12 mm dicke Gänge entstehen, die sich mit gewundenen, quer-ovalen Mustern abzeichnen und zu einer großen Gefahr für die Gesamtstatik von Dachstühlen werden können.

Vorbeugen und bekämpfen

Bei einem Neubau wird das Bauholz vom Fachmann, also zumeist den Zimmermännern, nach den national festgelegten Normen mit Insektiziden behandelt.

Sind alte Balken befallen, müssen wegen der Einsturzgefahr ebenfalls **Fachleute** ran. Die Vorgehensweise ist auch hier genau geregelt.

Graue Behaarung und zwei hellere Haarbinden zeichnen den Hausbock aus.

Gewöhnlicher Nagekäfer („Holzwurm“)

Kennzeichen

Wenn am Holz die feinmehligen hellbraunen Bohrmehl-Häufchen an 1–4 mm großen, runden Bohrlöchern zu sehen sind, ist meist der **Gemeine Nagekäfer** (*Anobium punctatum*) am Werk. Im Volksmund wird er meist „Holzwurm“ genannt, obwohl er im zoologischen Sinne überhaupt kein Wurm ist. Der Name orientiert sich vermutlich an der gekrümmten, mit drei Brustbeinpaaren versehenen Larve, die nach einer Entwicklungszeit von etwa vier Wochen aus den Eiern schlüpft. Sie beginnt dann gleich mit ihrem Zerstörungswerk und setzt es bis zu acht Jahre lang fort – so lange braucht die Larve, bis sie zum Käfer herangereift ist.

Der Kopf des Nagekäfers ist unter dem kapuzenartigen Halsschild verborgen, Fühler und Beine kann er in einer Mulde an der Körperseite anlegen. Die beiden Flügeldecken sind dicht behaart und zum Körperende hin abgerundet.

Risiken

Die Wahl ihres Lebensraumes in Dachbalken und Sparren, ganz gleich ob aus Nadel- oder Laubholz, und das von den Larven angerichtete Zerstörungswerk durch Bohrlöcher macht diese Käferart so gefährlich – für den privaten Hausbesitzer wie auch für die Eigentümer von Baudenkmälern. Die Balken können dermaßen zerfressen werden, dass sie keinerlei Druck – zum Beispiel durch Schneelast und Sturm – mehr standhalten und in sich zusammenbrechen.

Auch altes Mobiliar und Inneneinrichtungen wie Treppen und Treppengeländer können betroffen sein. Da sich Nagekäfer fliegend fortbewegen können, breiten sie sich schnell überall hin aus.

Vorbeugen und bekämpfen

Beim Befall von Gebälk ist auf jeden Fall ein **Fachmann** zu Rate zu ziehen, der dann die Abtötung der Larven und Käfer mit Hitze- und Gasbehandlung

Seine Werke kennt wahrscheinlich jeder, so sieht der Übeltäter aus.

Da war der „Wurm“ drin!

professionell vornimmt. Bei Neubauten werden die Bauhölzer obligatorisch von den Zimmerleuten imprägniert.

Stellt man in der Wohnung einen „Holzwurmbefall" an älteren Möbeln fest, werden diese meist mit **Kälte oder Wärme** behandelt. Eine gängige Methode ist es, die befallenen Möbel bei Temperaturen von über 60 °C mehr als eine halbe Stunde in die Sauna zu stellen, um die Schädlinge abzutöten. Temperaturen von −20 °C können dieselbe Wirkung zeigen: Lagern Sie die Möbel im Winter, entsprechend geschützt, über Nacht bei weniger als −20 °C im Freien.

Neuere Möbel sind heutzutage meist so behandelt, dass sie kaum von einem Holzwurmbefall bedroht sind.

Wenn der Totenwurm klopft

In überlieferten Geschichten ist immer wieder vom Klopfen des „Totenwurms" als Todansager die Rede, der sich just dann bemerkbar machen soll, wenn einer der Hausbewohner bald in die ewige Heimat abberufen wird. In ländlichen Gegenden, vor allem in Süddeutschland und im Alpenländischen, ist der verwandte Gescheckte Nagekäfer (*Xestobium rufovillosum*) deshalb auch unter den Namen Totenkäfer, Totenuhr oder Klopfgeist bekannt.
Es gibt zwar keinerlei wissenschaftlichen Beweis für einen Zusammenhang der Klopfgeräusche von Nage-, Poch- und Klopfkäfer mit der Ankündigung eines nahen Todesfalles, unheimlich sind diese Geräusche dennoch. Besonders wenn die erwachsenen und damit geschlechtsreifen Nagekäfer auf Brautschau sind und sich zur Paarung anschicken, zeigen sie dieses Verhalten. Dabei klopfen sie an den alten, trockenen Hölzern im Dachgebälk mit dem Vorderteil ihrer Körper gegen die Wände der von ihnen genagten Gänge und Bohrungen. Man vermutet, dass es sich hierbei um eine Art Balzverhalten der Käfer handelt.

Parkettkäfer

Kennzeichen

Weil sie sich zumeist im Splintholz, also im äußeren Bereich von Baumstämmen, aufhalten, wird die Gruppe der Lyctidae Splintholzkäfer genannt. Zu ihnen gehört der **Parkettkäfer** (*Lyctus linearis*), der es nur auf Laubhölzer, also größtenteils Harthölzer, abgesehen hat. Der braune Käfer unterscheidet sich vom Nagekäfer durch seinen schlankeren, 2,5–5 cm langen Körper. Seine 4 mm langen Larven gleichen ein wenig dem „Holzwurm“, also den Larven des Nagekäfers. Die Bohrlöcher sind rund 1 mm groß und etwas ausgefranst. Zwar sind die Bohrlöcher sichtbar, die Larve hinterlässt aber kein Bohrmehl, weil sie dieses in die „Tunnels“ stopft und sie damit verschließt.

Risiken

Der Parkettkäfer nistet sich am liebsten in bereits verarbeiteten Laubhölzern ein. Während er die Buche meidet, hält er sich gerne in Eichen- und Ulmenholz auf und fliegt geradezu auf tropische Laubhölzer, die etwa der Möbelproduktion dienen. Doch auch in Holzlagern kann sein Schaden riesengroß sein.

Vorbeugen und bekämpfen

Wie bereits im vorherigen Kapitel über den „Holzwurm“ beschrieben, werden auch die Larven des Parkettkäfers durch **Temperaturen** von über 60 °C abgetötet. Die gleiche Wirkung hat extreme Kälte, sodass Sie die befallenen Möbel- und Einrichtungsgegenstände in einer kalten Winternacht bei −20 °C ins Freie stellen können. In Baumärkten und Reformhäusern wie im Versandhandel gibt es zudem zur Injektion in die Bohrlöcher entsprechende **chemische Mittel** in großer Auswahl, die teils unter dem volkstümlichen Namen „Holzwurmtod“ angepriesen werden.

Bei umfangreichem Befall muss der **Fachmann** hinzugezogen werden, der Hitze, Mikrowellen oder Gas gegen den Schädling einsetzt. In Einzelfällen muss das gesamte befallene Parkett ausgetauscht werden.

Kugelkäfer

Kennzeichen

Der **Kugelkäfer** (*Gibbium psylloides*) gilt als Vorratsschädling und sieht aufgrund seiner kugelförmigen Gestalt (ca. 2–3,3 mm lang), seiner spinnenartigen Beine und bräunlichen Färbung bizarr aus. Er nistet sich in Bäckereien, Lebensmittel-Fabriken, Kantinen, Küchen und überall dort gerne ein, wo pflanzliche und tierische Vorräte (wie etwa Getreide, Trockenfrüchte, Fischmehl und Hundefutter) eingelagert werden. Der Kopf dieser nachtaktiven und flugunfähigen Käfer wird im Halsschild verborgen. Da ein Weibchen bis zu zweimal im Jahr jeweils zwischen 100 und 150 Eier legt, kann es leicht zu einer Massenvermehrung kommen.

Risiken

Am liebsten sind sie in alten Häusern mit Fehlbodenfüllungen des Balkenlagers, Fußbodendielen und Türfüllungen zu Hause, wo dann auch ihre Brutplätze zu finden sind. Die von ihnen angefressenen Nahrungsmittel, die sie mit Kot, Larvenhäuten und Puppenhüllen verunreinigen und in deren Verpackungen sich die Larven zur Verpuppung einbohren, werden für den Menschen ungenießbar.

Vorbeugen und bekämpfen

Befallene Lebensmittel müssen entsorgt und die Schränke sowie Vorratsbehälter sorgsam **gereinigt** werden. Eine direkte Bekämpfung von Käfern und Larven ist mit Hilfe von **Kontaktinsektiziden** wie Pyrethrum, Pyrethroiden und organischen Phosphorsäureestern (wie Chlorpyrifos) möglich.

Von der Firma Aries wird das für Mensch und Haustür völlig **ungefährliche Präparat** Bambule mit schneller Sofortwirkung angeboten. Als ebenfalls ungefährlich gilt das Aeroxon-Ungezieferstopp. Der darin enthaltene Wirkstoff – Wasser abweisende, natürliche Kieselsäure – zerstört die Kutikula (Körperoberfläche) der Kugelkäfer, was dazu führt, dass die Tiere austrocknen. Um seine Wirkung optimal entfalten zu können, muss das Pulver in den Versteckplätzen der Tiere ausgebracht werden.

Unverkennbar wegen seiner eigentümlichen Gestalt ist der Kugelkäfer.

Ameisen

Kennzeichen

Alle Ameisen (Formicidae) zu kennen, wäre zu viel verlangt, denn es gibt auf dem Erdball etwa 12 600 Arten – und schätzungsweise 10 000 Billionen Individuen. Könnte man alle zusammen wiegen, würden sie genauso viel Gewicht auf die Waage bringen wie die gesamte Menschheit, so die Meinung der Ameisenforscherin Prof. Susanne Foitzik.

Der Körper dieser Hautflügler ist dreigeteilt: in Kopf, Brust und Hinterleib. Letzterer ist mit einer Giftdrüse und bei einigen Ameisenarten einem Giftstachel ausgestattet, der aber bei mitteleuropäischen Arten uns Menschen nicht gefährlich werden kann.

Zu den im Umfeld von Haus, Hof und Wohnung am häufigsten vorkommenden Ameisen zählen in Mitteleuropa die Braune Wegameise, die Schwarzgraue Wegameise, die Pharaoameise und die Rossameise.

Braune Wegameise

Die Braune Wegameise (*Lasius brunneus*), auch Rotrückige Hausameise genannt, hat eine gelblich-braune Brust und einen bronzebraunen Kopf, ihr Hinterleib ist dunkelbraun. Eine Königin wird bis zu 8 mm lang, Männchen und Arbeiterinnen sind nur 3–5 mm groß.

Im häuslichen Bereich suchen sich die Tiere ihre Wohnstätten zumeist in alten Holzbalken aus und sind dort nicht ungefährlich, weil sie diese durchlöchern. Wenn sie sich an Lebensmittelabfälle heranmachen, bevorzugen die Ameisen zuckerhaltige Speisen.

Schwarzgraue Wegameise

Bezüglich der Größe ist die Schwarzgraue Wegameise (*Lasius niger*), auch Schwarze Gartenameise genannt, mit der Braunen Wegameise zu vergleichen; sie zeigt eine bräunliche bis schwarze Färbung und fällt durch ihren behaarten Körper auf.

Auch wenn sie ihr Refugium hauptsächlich im Freien hat, also in Gärten und Vorgärten und in lockerem Mauerwerk, so scheut sie doch nicht davor zurück, eine Ameisenstraßen von draußen direkt in unsere Wohnungen zu legen. Und dort ist sie dann unermüdlich auf der Suche nach Futter in Form von Lebensmittelabfällen, besonders zuckerhaltigen.

Pharaoameise

Mit Körperlängen von 2–5 mm ist die Pharaoameise (*Monomorium pharaonis*) etwas kleiner als die Wegameisen; sie fällt vor allem dadurch auf, dass sie

Die Behaarung der Schwarzgrauen Wegameise ist am besten am Hinterleib zu erkennen.

leuchtend gelborange oder bernsteinfarben gezeichnet ist. Ein besonderes Erkennungsmerkmal ist außerdem die dunkel gefärbte Rumpfspitze.

Auch diese Ameisenart zieht es in unsere Häuser, wo sie als Allesfresser nach jeglichen Lebensmitteln sucht, besonders wird sie von eiweißhaltigen Speisen, wie etwa Fleisch, angelockt. Sind die Eindringlinge in Ihren Vorräten, sollten Sie alle von ihnen befallenen Lebensmitteln in den Müll geben, da diese kleinen Tierchen Salmonellen, Staphylokokken und Streptokokken übertragen können.

Gefährdet sind auch Kleinkinder und Erwachsene, die offene Wunden haben, denn die Pharaoameise fällt selbst über Verbandszeug her und kann die genannten Keime übertragen.

Rossameise

Die Königinnen einer Rossameise (*Camponotus* sp.) können bis zu 18 mm lang werden, Männchen und Arbeiterinnen erreichen zwischen 6 und 12 mm. Die Ameisen haben einen dunkelbraunen bis schwarzen Körper mit einem rötlich glänzenden Hinterleib. Leider beschädigen sie mit ihren kräftigen Mundwerkzeugen die Balken von Dachstühlen – selbst bei neueren Holzhäusern, wenn diese nicht entsprechend imprägniert sind.

Risiken

Ameisen sind ubiquitär. In Mauerspalten, unter Fußböden, in Hausgärten und überall dort, wo es einigermaßen trocken ist, suchen sie Unterschlupf. Vor allem, wenn es in der warmen Jahreszeit die Menschen nach draußen zieht, suchen sich Ameisen den Weg in die Wohnungen. Geradezu hartnäckig konzentrieren sie sich in jüngster Zeit auch auf Steckdosen und Computer, die dadurch erheblich beschädigt werden. Wenn entsprechend viele Ameisen eine Mehrfachsteckdose und die Schalter frequentieren, können sie schließlich einen Kurzschluss auslösen, der die „Attentäter“ röstet.

In den Siedlungsgebieten unserer Breitengrade ist die Schwarzgraue

Die winzigen Pharaoameisen schaffen es durch kleinste Ritzen zu unseren Lebensmitteln.

Mit ihren kräftigen Mundwerkzeugen sind Rossameisen in der Lage, sich durch Holz zu beißen.

Wegameise am häufigsten. Doch im Grenzbereich zwischen Garten und Haus trifft man auch auf die Rotrückige Ameise (ähnlich der Hausameise, aber mit pechschwarzem Körper und rotem Brustabschnitt) und die Pharaoameise. Die Braune Wegameise bewohnt leider auch die Holzbalken des Dachstuhls.

Im Garten werden Ameisen eher selten zur Gefahr, und es gibt Gott sei Dank nur selten Gartenfreunde, die einen Ameisenhaufen auf ihrem Grundstück beseitigen. Doch es kommt immer wieder vor, dass sich Ameisen gerade in Terrassennähe oder an Nebeneingangstüren zu Küchen und Speisezimmern ansiedeln. Wie oben beschrieben können Braune Wegameisen und Rossameisen unseren Dachstühlen gefährlich werden. Pharaoameisen können sogar Bakterien übertragen.

Vorbeugen und bekämpfen

Die beste Vorbeugung ist es, **keine Speisereste** herumliegen zu lassen und bei Küchen und Speisezimmern, die Türen ins Freie haben, Risse im Mauerwerk oder Ritzen bei den Tür- und Fensterabdichtungen mit Silikon, Klebe- und Dichtbändern **abzudichten**.

Wenn **Ameisenstraßen** von draußen in die Wohnungen und Häuser führen, hilft nur noch die regelmäßige Bekämpfung mit dem Staubsauger. Ihre Route sollten Sie immer wieder nass wischen und eventuell mit Diatomeenerde (Kieselgur) bestreuen, diese überleben Ameisen nicht. Führen die Ameisenstraßen durch Mauerritzen, verschließen Sie diese am besten mit Zementmörtel, nachdem sie mit einem Industriestaubsauger gründlich gesäubert wurden.

Von unseren Großeltern überliefert ist das alte **Hausmittel**, dass man Backpulver mit Honig mischen soll, um dann eben diesen Köder an der Ameisenstraße auszulegen. Den Köder fressen die Arbeiterinnen und gehen schließlich an der Backpulverbeimischung zugrunde. Auch mit **kochendem Wasser** können Sie partiell Ameisen bekämpfen, was natürlich vieler Anwendungen bedarf und außerdem auch ziemlich barbarisch erscheint.

Wer Ameisen mit **Kräutern** vertreiben will, muss viel Geduld aufbringen, um erfolgreich zu sein. Dafür zu empfehlen sind Wallnussblätter, Lavendel, Kerbe, Pfefferminzblätter, Zitronenschalen und Rainfarn. Auch Zimt oder Gewürznelken sind geeignet.

Ameisen bauen manchmal ganze Nester in den menschlichen Behausungen. Um Schäden zu vermeiden, müssen solche Ansammlungen natürlich entfernt werden. Wichtig bei solchen Aktionen ist allerdings, dass **das ganze Volk** einschließlich ihrer Königin vertrieben oder evakuiert wird. Andern-

Ameisen als fleißige Helfer

Sie verbreiten Pflanzensamen, gelten als dominante Räuber von wirbellosen Tieren (vor allem Insekten und Spinnen) und beseitigen als Aasfresser 90 % aller toten Tiere. Besonders erfolgreich rücken sie den an Pflanzen saugenden Insekten zu Leibe, wobei ihnen ihr hoch entwickeltes Geruchs- und Geschmacksvermögen zugutekommt.

falls kann es sein, dass sie ein Nest verlassen, um unweit davon ein neues zu bauen, und damit beginnt dann der Spuk von vorne.

Durchaus erfolgversprechend sind **Ameisenköderdosen** verschiedener Hersteller, zum Beispiel Aeroxon. Diese Metall-Köderdosen mit Fraßködern als Inhalt sind zur Vernichtung von Ameisennestern direkt im Haus gedacht; sie sind geruchlos und frei verkäuflich.

Um ein ganzes Ameisennest loszuwerden, muss die Königin getötet werden. Da sie aber den Bau nicht verlässt, müssen die umherlaufenden Arbeiterinnen den Wirkstoff in das Nest transportieren. Das funktioniert am besten mit **Kräuterboxen**, die es in Baumärkten zu kaufen gibt. Sie enthalten als Wirkstoff Borax, Fipronil oder Trichlorfon und Zucker, der den Ameisen süße Nahrung vortäuscht. Die Köderboxen sollten dann jede Woche erneuert werden, um eine anhaltende Wirkung zu garantieren. Doch oft dauert es ein bis zwei Monate, bis man wieder ameisenfrei ist.

Achtung bei Pharaoameisen!

Pharaoameisenbefall ist in einigen Bundesländern meldepflichtig und sollte nur von Fachleuten bekämpft werden.

Spinnen

Kennzeichen

Spinnen haben nicht nur acht Beine, sondern auch sechs bis acht Augen, trotzdem aber sehen sie schlecht. Dafür können sie mit ihren Geschmackshaaren an den Füßen ihre Beute schmecken. Am Hinterleib stehen ihnen bis zu acht warzenartige Gebilde zur Verfügung, die mit etlichen tausend Spinndrüsen besetzt sind; aus ihnen treten dann die Sekrete aus, die zur Spinnseide werden. Die Netzfäden für den Netzbau sind äußerst elastisch, wenn auch nur 0,00015 mm dünn. Die besondere „Kampfstärke" der Spinnen sind ihre Kieferklauen, die als Kanülen ausgebildet sind; mit deren Hilfe transportieren sie ihr lähmendes Gift in ihre Beute.

Die Hälfte der Spinnenarten baut keine Netze, sondern fängt ihre Beute, indem sie sich anschleicht, ihr hinterherrennt oder auflauert. Aber auch mit selbst konstruierten, klebrigen Fäden, Leimruten und Stolperfallen haben sie Erfolg. Spinnen töten ihre Beute mit einem Giftbiss und injizieren Verdauungssekret in das Tier, das sich schließlich auflöst und dann von den Spinnen aufgeschlürft wird.

Ein hohes Lebensalter haben Spinnen in der Regel nicht, die meisten werden größtenteils nicht einmal ein Jahr alt. Nur die Hausspinne kann sogar einige Jahre lang ein Mitbewohner sein. Die häufigsten Arten sind hier genauer beschrieben.

Die Zitterspinne hat einen filigranen Körperbau.

Zitterspinne

Besonders auffallend sind die in Mitteleuropa sehr häufig beheimateten, langbeinigen, grau-bräunlichen Zitterspinnen (*Phlocidae*). Es sind 7–10 mm lange Tiere mit schmalem, tropfenförmigem Körper, die vor allem durch ihren dreidimensionalen Netzbau auffallen. Dem filigranen Weberknecht ähneln sie, wenn sie auch viel kleiner sind. In ihren Netzen fangen sie oft Insekten (wie beispielsweise Fliegen und Wespen), die ihnen, was die Körpergröße betrifft, sogar überlegen sind. Nachdem sie ihr Opfer mit einem Biss getötet haben, verflüssigen sie deren Körperinhalt und saugen ihn dann gänzlich auf.

Kellerspinne

Die völlig ungiftigen Kellerspinnen (*Amaurobius ferox*) werden bis zu 16 mm lang, und mit ihren dünnen Beinen erreichen sie eine Spannweite von 8 cm. Sie bauen ebenfalls Trichternetze. Besonders wohlfühlen können sie sich an allen feuchten und dunklen Orten – vor allem in unseren Kellern. Sie gelten als besonders fürsorgliche

Tiere, da sie ihre Jungen nachweislich von Mund zu Mund füttern.

Fettspinne
Die dunkelbraun gefärbten Fettspinnen (*Steatoda bipunctata*) mit dem gelblichen Muster auf ihrem fettig glänzenden Hinterleib sind 4–7 mm groß. Im Sommer sind sie auch an Baumrinden zu finden, ihre Lieblingsplätze haben sie jedoch vor allem in Wohnungen an Fensterbänken und Zimmerecken. Ihre Beute, beispielsweise Käfer und Ameisen, fangen sie auf eine höchst raffinierte Art. Sie ziehen zum Erdboden hin ein dichtes Netz von Fäden, die sie dort mit Leimtröpfchen befestigen. Bleibt das Opfer an den Fallstricken hängen, reißen diese und verstricken sich mit anderen Fäden, sodass das Beutetier regelrecht gefesselt wird.

Hauswinkelspinne
Die gelbbraun gefärbten Weibchen der Hauswinkelspinnen (*Tegenaria domestica*) können bis zu 2 cm lang werden, die Männchen erreichen oft nur 12 mm. Die Spinnen weisen an ihrem Körper dunkle Längsbinden und am Hinterleib dunkle Winkelflecken auf. Die Spannweite ihrer Beine ist beachtlich, denn mit einem Ausmaß von bis zu 8 cm können sie die Menschen gewaltig erschrecken. Sie verlassen nur ungern ihr Netz hinter Möbelstücken und können sogar einen Winter ohne Nahrung überstehen, wenn sie sich im Herbst rechtzeitig mit Fett und Kohlenhydraten bevorratet haben.

Auch sie spannen Stolperfäden, um an ihre Beute zu kommen, welche dann mit den erbrochenen Verdau-

Kellerspinnen mögen die Feuchtigkeit.

Die Fettspinne mit ihren rosa gefärbten Eiern findet sich auch in trockenen Wohnungen.

Hauswinkelspinnen sind gelbbraun und auffallend langbeinig.

ungssäften regelrecht einmassiert wird. Die vorverdaute Masse können sie sich dann innerhalb kürzester Zeit einverleiben – ganz im Gegensatz zu anderen Spinnen, die dafür oft Stunden brauchen.

Vielen Hauswinkelspinnen werden glatte Wände zum Verhängnis. Sie stürzen ab und sind in unseren Waschbecken und Badewannen gefangen.

Weberknecht

Der 4–7 mm lange Weberknecht (*Phalangium optilio*) ist fast überall zu Hause: hinter Schränken genauso wie in Holzlegen und Schuppen, Dachböden und im Sommer im Gebüsch, in Mauerritzen und ähnlichen Verstecken. Zu erkennen ist er vor allem an seinen dünnen und überdimensional langen Beinen. Er gehört zwar (wie z. B. auch die Milben) zu den Spinnentieren, ist aber keine Spinne im engeren Sinne. Er hat nur zwei Augen, keine Giftdrüsen und er kann auch keine Netze fabrizieren.

Weberknechte haben einen dicken Körper und lange, dünne Beine.

Riesen-Weberknechte auf dem Vormarsch

Im Mitteleuropa wandern seit dem Jahr 2000 Riesen-Weberknechte (*Leiobunum* sp.) ein. Besonders das Ruhrgebiet und die Niederlanden sind davon betroffen, aber auch in anderen Gebieten Deutschlands, Österreichs und der Schweiz wurden sie schon gesichtet. An schattigen Gebäudewänden und unter Dächern rotten sie sich tagsüber in Kolonien bis zu einigen hundert Tieren zusammen. Mit ihren langen Beinen erreichen sie einen Durchmesser von 18 cm und sind damit deutlich größer als einheimische Weberknechte. Da sie sich sehr schnell entwickeln, breiten sie sich auch schnell aus und besiedeln neue Gebiete.
So gruselig diese Nachricht auch klingt, für den Menschen sind die Riesenweberknechte nicht gefährlich. Ob sie allerdings die heimische Tierwelt gefährden, ist noch nicht geklärt.

Weberknechte jagen zumeist nur bei Nacht Kleintiere wie Milben und Blattläuse, geben sich aber auch mit Küchenabfällen und toten Tieren zufrieden. Zu ihrer Nahrung zählt aber auch faulendes Obst. Um selbst nicht gefressen zu werden, haben sie eine besondere Taktik: Werden sie von Verfolgern gejagt, können sie sich eines noch weiterhin zuckenden Beines entledigen und so ihre Feinde ablenken.

Risiken

Vom Keller bis zum Dachgeschoss sind Spinnen anzutreffen, am häufigsten aber dort, wo sie ungestört und kaum aufzustöbern sind: in dunklen Ecken, ganz gleich ob es trocken oder feucht ist. Meist findet man sie in den Kellern, Hausspinnen machen es sich aber auch in den Wohnräumen gemütlich.

Die Angst vor den Spinnen ist nach Aussagen von Wissenschaftlern irrational, denn durch die menschliche Haut dringen ihre Giftklauen meist nicht – von tropischen Spinnen natürlich abgesehen. Weltweit sind nur wenige Arten für den Menschen gefährlich, so etwa Brasilianische Wanderspinnen, die Schwarze Witwe, die Rotrückenspinne oder die Sydney-Trichterspinne.

Für gefährlich und giftig gehalten werden die bei uns in Mitteleuropa lebenden Kreuzspinnen, ihr Biss ist aber nicht lebensbedrohlich, wenn auch schmerzhaft, ähnlich wie bei einem Bienenstich. In unseren Breitengraden kommt die Gartenkreuzspinne in der Regel nur in Wäldern, Hochmooren, Streuobstwiesen und Hecken vor. Dass sich eine Kreuzspinne – von den Tropen und heißen Ländern abgesehen – auch ins Haus verirrt, ist eher die Ausnahme als die Regel und daher eher nicht zu befürchten.

Im Allgemeinen sind Spinnen in unseren Wohnungen keine gern gesehenen Gäste, obwohl sie eigentlich keinen Schaden anrichten.

Spinnen besetzen eine Brücke

In einem der neuesten und größten Szenenviertel Europas, der Hamburger Hafencity, sind Abertausende von Spinnen zu einer echten Landplage geworden. An einzelnen Fassaden haben sich über 700 der schwarz-braunen **Brückenspinnen** (*Larinioides sclopetarius*) angesiedelt. Insgesamt, so schätzt man, gab es in der Hafencity mehrere Millionen davon. Ganze Fensterfronten waren mit ihren Netzen überspannt. Die Brückenspinnen gelten als Ratten unter den Spinnen, sagt die Biologin Anja Nioduschewski in ihrer Doktorarbeit über die 3–4 cm großen Tiere.
Mit groß angelegten Reinigungsprozessen der befallenen Hausfassaden und durch Lichtanstrahlung konnte der Befall drastisch verringert werden. Eine gänzliche Beseitigung und Vertreibung ist allerdings nicht möglich, da sich Brückenspinnen immer wieder in unmittelbarer Wassernähe ansiedeln werden.

Vorbeugen und bekämpfen

Um Spinnen zu bekämpfen, muss man kein ausgesprochener Spezialist sein, und auch keinen Profi zu Hilfe rufen:

In Wohnungen, die in regelmäßigen Abständen **gestrichen** werden (je frischer der Farbanstrich, umso mehr meiden Spinnen solche Wände) und wo **Sauberkeit** oberste Regel ist, fühlen sie sich grundsätzlich nicht wohl. Schon bei der Einrichtung einer Wohnung kann Vorsorge getroffen werden, damit Spinnen nicht so leicht mit einziehen. Gerade in Schlaf-, Wohn- und Kinderzimmern sollten Möbel ausgesucht werden, die – außer mit den Füßen natürlich – nicht ganz zum Boden reichen. So können Sie mit den Düsen des Staubsaugers von Zeit zu Zeit Spinnengewebe und damit die „Heimat“ der Spinnen beseitigen. Gelegentlich sollten auch die Möbel von der Wand gerückt werden, um so **Spinnennester wegzusaugen**.

Mit dem „Spider Catcher“ Spinnen lebend ins Freie befördern

Neuerdings ist eine besondere Erfindung auf dem Markt, mit dem sich Spinnen unverletzt und lebendig entfernen lassen: der Spinnenfänger, auch „Spider Catcher“ genannt. Mit diesem etwa 65 cm langen Gerät aus Plastik lassen sich Spinnen aus einer komfortablen Distanz ergreifen und sicher nach draußen befördern.
Dieser Spinnenfänger hat einen leicht zu bedienenden Griff, mit dem die Borsten am anderen Ende bewegt werden können. Diese umgreifen das Tier und halten es fest. Genauso schnell und sicher kann es dann auch wieder freigelassen werden. Der Spinnenfänger ist in Supermärkten, Haushaltsgeschäften und im Versandhandel zu Preisen zwischen 7 und 15 Euro erhältlich.

Und sollte es trotzdem einmal vorkommen, dass einer dieser langbeinigen Gäste seine Netze in einer Ecke an der Decke zieht, dann nehmen Sie am besten ein Tuch oder ein Glas, um ihn **nach draußen zu befördern**. Wer sich davor ekelt, der Spinne so nah zu kommen, kann notfalls auch den Staubsauger nehmen, um der Lage Herr zu werden, und damit auch das Spinnennetz einzusaugen.

Spinnen sind letztendlich zuverlässige **Insektenvertilger**, deshalb sollten Sie sie möglichst am Leben lassen – aber natürlich lieber außerhalb der eigenen vier Wände.

Staublaus

Kennzeichen

Staubläuse (Psocoptera) – etwa gut zwei Dutzend Arten gibt es in Europa – machen sich nicht nur in feuchten Kellern und Vorratsräumen von Altbauten, sondern auch in dem noch nicht ausgetrockneten Mauerwerk von Neubauten mit hoher Luftfeuchtigkeit breit, denn Luftfeuchtigkeit zieht sie magisch an. Eine beliebte Hauptnahrungsquelle der nur 0,5–1,6 mm großen Staubläuse sind Schimmelpilze. Weil man sie oft auch in Bücherregalen findet, werden sie auch Bücherläuse genannt.

Diese beflügelten Sechsfüßler betätigen sich auch als Aasvertilger toter Insekten. Sie meiden das Tageslicht, weshalb man sie nur selten zu Gesicht bekommt.

Eine Besonderheit der Staubläuse sind die Mundwerkzeuge, die eine Zwischenform zwischen dem kauend-beißenden Typ der Bodenläuse und dem saugenden Typ der Läuse, Wanzen und Zikaden darstellen.

Die winzigen Staubläuse können zur großen Plage werden.

Risiken

Staubläuse können Schimmelpilze von feuchten Kellern auch in die Wohnung übertragen. Dann werden selbst Lebensmittel, Textilien und Matratzenfüllungen von ihnen befallen. Sie fressen nicht nur Schimmelpilze, sondern nagen auch an teils wertvollen alten Büchern und Fotos. Auch vor offenen Mehltüten oder Müslipackungen machen sie nicht Halt. 30 % der deutschen Haushalte haben darunter zu leiden. Bei empfindlichen Personen können sie Atemwegsallergien auslösen, sind aber ansonsten ungefährlich.

Vorbeugen und bekämpfen

Damit sie sich gar nicht erst einnisten, ist es wichtig, alle Räume im Haus **trocken zu halten**, damit kein Schimmelpilzrasen entsteht, der zu einer Massenvermehrung führen kann. Weiterhin ist es wichtig, die Wohnungen ausreichend zu **beheizen**, aber dennoch für ein regelmäßiges komplettes **Durchlüften** zu sorgen, damit sich kein Schimmel bilden kann.

Bei extremem Befall durch die Staublaus helfen **chemisch** das Blattanex-Spezialspray und der Blalltanex-Ungezierferstaub.

Fliegen

Kennzeichen

Fliegen sind eine sehr vielfältige Insektengruppe. Hier sind die relevantesten vorgestellt.

Stubenfliegen

Die etwa 8 mm lange, hellgrau und schwarzbraun gemusterte **Große Stubenfliege** (*Musca domestica*) besitzt saugende, einem Stempel ähnelnde Mundwerkzeuge, große rötliche Augen und große transparente Flügel, der Hinterleib ist gelblich-braun. Sie kann in Europa pro Jahr bis zu fünf Generationen hervorbringen. Die **Kleine Stubenfliege** (*Fannia canicularis*) – auch als Hundstagsfliege bekannt, weil sie vorwiegend in der heißesten Jahreszeit, also Ende Juli, am häufigsten auftritt – sieht ähnlich aus, ist aber nur halb so groß. Sie fällt deshalb auf, weil sie sich gerne an alles heranmacht, was sich in unserem Haus im Zustand der Zersetzung befindet – das können Abfälle im Mülleimer sein, aber auch herumliegendes, bereits leicht angefaultes Obst oder offene Fruchtsaft- und Essigflaschen. Ein Weibchen kann mehrere hundert Eier legen; wenn die ausgeschlüpften Maden dann mit dem Obst verzehrt werden, ist es durchaus möglich, dass sie im Magen und Darm noch lebensfähig bleiben und Krankheiten hervorrufen.

Ähnliche Fliegen

Unverkennbar ist die **Schmeißfliege** (*Calliphora vicina*) aufgrund ihres stahlblauen Hinterteils; goldgrün schimmert dagegen die **Kaisergoldfliege** (*Lucilia caesar*). Besonders in Molkereien und Käsereien gefürchtet ist die **Käsefliege** (*Piophila casei*), sie ist wiederum der Stubenfliege ähnlich, jedoch dunkler gefärbt.

Wadenstecher

Im Gegensatz zu den oben genannten Fliegen, die nicht stechen, machen **Wadenstecher** (*Stomoxys calcitrans*),

Mit dem stempelförmigen Rüssel nimmt die Stubenfliege ihre Nahrung auf.

Wadenstecher verfügen über einen Stechrüssel.

auch Gemeine Stechfliegen, Brennfliegen oder Stallfliegen genannt, Menschen und Tieren zu schaffen, weil sie den „Warmblütern" das Blut aussaugen. Vom Aussehen her sind sie den Stubenfliegen nicht unähnlich.

Fruchtfliegen
Nur 3 mm lang werden die rotäugigen **Fruchtfliegen** (*Drosophila* sp.), auch Essigfliegen genannt, die wohl jeder schon kennengelernt hat.

Risiken

Während wir den Bremsen nur in der heißen Jahreszeit begegnen, sind uns Fliegen als Plagegeister das ganze Jahr über treu, wenn sie nicht gerade einem kalten Winter weichen müssen. Vor allem dort, wo sie süße Nahrung in Form von Zuckerresten finden, sind sie besonders gern zu Hause – und das sind vor allem unsere Küchen und Esszimmer.

Fliegen sind nicht nur harmlos

Fliegen sind vor allem deshalb für unsere Gesundheit gefährlich, weil sie unsere Vorräte mit gefährlichen Krankheitsüberträgern infizieren können. Sie spucken ihren potenziell infizierten Speichel auf unsere Nahrung, die dadurch für sie vorverdaut wird. Dann saugen sie diesen Brei auf. Zudem legen sie ihre Eier direkt in unsere Speisen. Die Maden davon schlüpfen oft schon nach zwei bis vier Tagen aus. Auch mit ihren Beinen können sie Krankheitserreger (auch von Typhus, Ruhr, Cholera und anderen) übertragen.

Kaum aufgeschnitten, schon kommen die ersten Fruchtfliegen.

Ihre Brutstätten haben sie bevorzugt in Biotonnen, Abfalleimern, Speisekammern und offen stehenden Speisen. Den Sommer über wird ihnen auch der Komposthaufen zur Heimat und all jene Stätten, die nach tierischen und menschlichen Abfällen riechen. Wo es nicht sauber zugeht, finden sie geradezu paradiesische Verhältnisse.

Fruchtfliegen nisten sich vor allem im Herbst wegen des Obstes oder Apfelweins in unseren Kellern ein. Sie können ganze Fässer von Apfel- und Birnenmost, aber natürlich auch Fruchtsäfte, sauer werden lassen. Im Sommer trifft man sie auch in der Wohnung überall dort an, wo Obst, Wein oder Essig offen liegen oder stehen.

Vorbeugen und bekämpfen

Wer den Sommer über gerne seine Balkon- und Terrassentüren offen stehen lassen will, der kann sich **Fliegen-**

gittertüren zulegen, um Fliegen abzuhalten. Auch die regelmäßige **Reinigung** von Abfallbehältern aller Art, von WCs, Biotonnen und Katzenklos mit einem Essigreiniger, den man zehn Minuten einwirken lässt, ist eine wirksame Maßnahme. **Fliegenfänger**, an denen die Fliegen kleben bleiben, sind zwar nicht schön, aber unter Lampen durchaus erfolgreich.

Die überall in Drogerien, Haushaltsläden und Baumärkten erhältlichen **Insektensprays** sind zwar einfach zu handhaben und teils auch effektiv, doch nicht immer sind sie der Gesundheit von Menschen und Haustieren zuträglich. Studieren Sie deshalb bereits beim Kauf die aufgelisteten Nebenwirkungen. Vor allem wenn Kinder im Haus sind, sollten Sie ganz und gar darauf verzichten. Am Ursprungsort der Fliegen, wie etwa auf Wiesen in der Umgebung, ist aus ökologischer Sicht der Einsatz von Insektiziden nicht vertretbar.

Fruchtfliegen stürzen sich förmlich auf faulendes Obst und auf Reste in Wein- und Fruchtsaftflaschen; deshalb sollten Sie das **Obst lieber im Kühlschrank** lagern und leere Flaschen immer gleich auswaschen oder im Glascontainer entsorgen. Auch **Küchenabfälle** sollten häufig geleert werden. Bei der Gewinnung von **Frucht- und Gemüsesäften** sowie Apfelwein ist bereits bei der Mostobstlagerung, dann beim Zerkleinern und schließlich beim Obstpressen darauf zu achten, dass alle Räumlichkeiten mit Fliegengitter abgesichert sind. Hat die Essigfliege bereits in einem Mostfass ihre Eier abgelegt und durch ihr Herumschwärmen Mikroorganismen verschleppt, kommt es nicht mehr zu einer nützlichen Gärung, sondern es setzt stattdessen Fäulnis ein, was die davon befallenen Lebensmittel ungenießbar macht.

Mücken

Kennzeichen

Mit Beginn der wärmeren Jahreszeit, zumeist im April oder Mai, verlassen die Mücken (Nematocera) ihre Winterquartiere und werden zur allgemeinen Plage für Mensch und Tier. Weltweit sind von diesen Tieren etwa 48 000 Arten bekannt.

Meistens bereiten uns die **Gemeinen Stechmücken** (*Culex pipiens*) Probleme. Sie haben ihre Brutstätten gerne in unseren Regentonnen, sofern sie nicht abgedeckt sind.

Die 7–9 mm lang werdenden **Rheinschnaken** (*Aedes* sp.), die mit einem langen Stechrüssel ausgestattet sind und kurze Lippentaster und einen zugespitzten Hinterleib haben, sind äußerst lästige, aber weniger häufige, Blutsauger.

Durch ihre Flügelspannweite von 11–13 mm fallen die **Wintermücken** (*Trichocera annulata*) auf, die jedoch nur in der kälteren Jahreszeit auftreten.

Kriebelmücken (*Simulium* sp.) sind mit 3–6 mm etwas kleiner; sie plagen vor allem das Weidevieh, aber auch den Menschen. Die Stiche, mit deren Hilfe sie ihrem Wirt das Blut abzapfen, sind sehr schmerzhaft und hinterlassen Schwellungen.

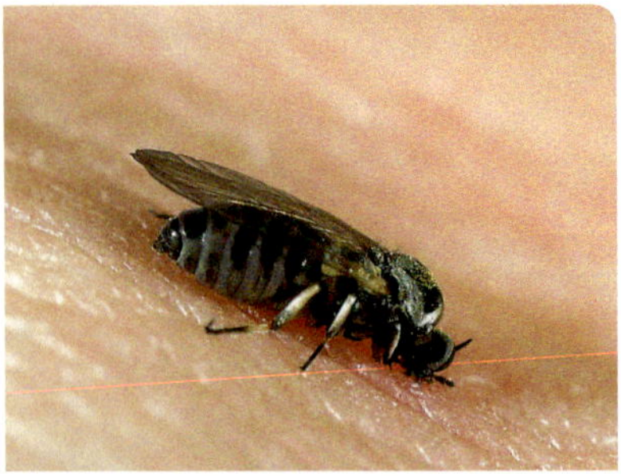

Ein Stich der Kriebelmücke kann sehr schmerzhaft sein.

Wer sticht?

Bei den Mücken stechen nur die Weibchen. Menschliches und tierisches Blut bieten Proteine, die für die Eierproduktion nötig sind – innerhalb von 14 Tagen werden bis zu 300 Eier gelegt. Bei den nichtstechenden Männchen hat sich der Saugrüssel dagegen zurückgebildet.

Die am roten Rücken sowie am schwarzen Kopf und den Beinen weiß gepunkteten **Tigermücken** (*Aedes albopictus*) sind besonders aggressiv und attackieren die Menschen mit ihren schmerzhaften Stichen. In Oberitalien sind im Sommer 2007 bereits tausende Menschen von diesen aus den Tropen kommenden Mücken, die das gefährlichen Dengue- oder Chikungunya-Fieber übertragen können, gestochen worden. 300 Menschen erkrankten, es gab einen Todesfall. Im selben Jahr wurden Tigermücken als Folge der Klimaerwärmung auch im Tessin entdeckt. In Deutschland wurden aber bisher nur fünf Eier eines Tigermoskitos entdeckt.

Risiken

Überall, wo Wasser ist, tauchen auch irgendwann Mücken auf, denn Mückeneier brauchen Wasser für eine Weiterentwicklung zur Larve und zur

Am wohlsten fühlen sich die Stechmückenlarven in unseren Regentonnen, denn da sind sie vor Fressfeinden geschützt.

erwachsenen Mücke. Wer also damit liebäugelt, sich im Garten einen Teich anzulegen, der muss auch damit rechnen, dass sich dort die Mücken gut vermehren können und damit auf der Terrasse oder in den Wohn- und Schlafräumen für Ungemach sorgen.

Aber nicht nur an Gewässern leben die Blutsauger, sondern selbst dort, wo sich weit und breit keine Wasserfläche zeigt, denn die Eier der Mücken werden sogar auf trockenen Böden in Kuhlen abgelegt, weil sich das Wasser dort bei Regen zu großen Pfützen stauen kann.

Immer wieder entstehen regelrechte Mückenplagen, bei denen man sich lieber in geschlossenen Räumen aufhält. Oft hilft dann nur ein starker Wind, um die Plagegeister wegzufegen.

In geringen Mengen sind Mückenstiche vor allem lästig. Wie oben erwähnt, kann die eher seltene Tigermücke aber auch Krankheiten übertragen. Heimische Mücken könnten auch Malaria übertragen, allerdings gilt diese Krankheit in Mitteleuropa als ausgerottet.

In den letzten Jahren ist es in Wassernähe verstärkt zu Massenauftritten der Kriebelmücken gekommen. Im Gegensatz zu den Stechmücken, die mit einem Stechrüssel Blut saugen, raspeln sich die winzigen Kriebelmücken mit ihren relativ groben Mundwerkzeugen regelrecht durch die Oberfläche der Haut. Aus den Wunden lecken sie dann ihre Blutmahlzeit. Die Haut reagiert mit Blutergüssen, Knötchenbildung und Ödemen sowie allergischen Symptomen, die auch Auswirkungen auf den Kreislauf und die Atmung haben können. Bevorzugte Stichstellen sind dünnhäutige, gut durchblutete Körperpartien am Kopf sowie an Armen und Beinen. Meist bemerkt man

Wen stechen Mücken?

Es stimmt, dass Mücken für ihre Ernährung und Entwicklung ganz bestimmte Eiweiße aus dem Blut brauchen. Aber es ist nicht richtig, dass Mücken nur jene Menschen stechen, die „süßeres" (wohlschmeckenderes) Blut haben. Was die Mücken anlockt, ist ein ganz bestimmter Hautausdünstungs-Mix aus Milchsäure, Ammoniak und Fettsäuren, außerdem das ausgeatmete Kohlendioxid und die Körperwärme.

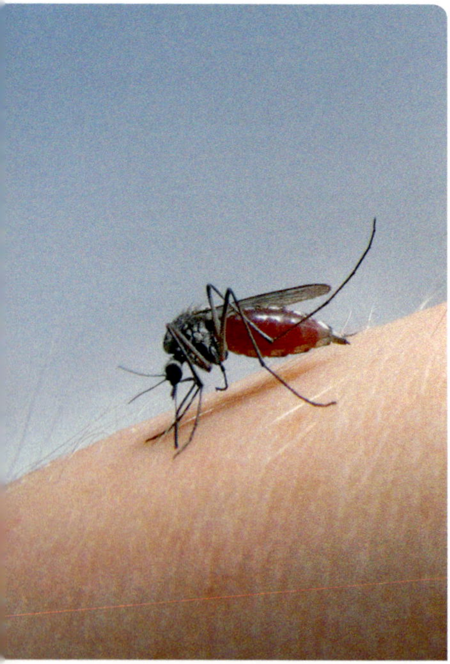

Beim Stechen und Saugen färbt sich der Hinterleib blutrot.

die schmerzhaften und juckenden Wunden erst später. Oft braucht die verletzte Haut mehrere Wochen, bis sie geheilt ist. Während man sich in freier Natur kaum gegen diese Quäler schützten kann, sind im Haus Fliegengitter an den Fenstern und Fliegengittertüren der wirksamste Schutz.

Vorbeugen und bekämpfen

Im Kampf gegen die Mückenplage hat sich inzwischen bereits ein Heer von Erfindern daran gemacht, einen wirksamen Abwehrschutz zu entwickeln. Hier erfahren Sie, was getan werden kann.

„Trockenlegen"

Da für die Vermehrung der Mücken Feuchtigkeit notwendig ist, besteht der erste Weg der Vorbeugung in der Reduktion der möglichen Wasserstellen:

- Kontrollieren Sie die Dachrinnen. Infolge der Verstopfung von Abflussrohren könnte sich dort ein Wasserstau bilden.
- Vermeiden Sie Kuhlen und andere Feuchtplätze auf dem Grundstück. Selbst in Gießkannen mit einem Restwasser können die Mücken noch ihre Eier legen.
- Legen Sie feuchte Bereiche durch Dränagen trocken.
- Decken Sie Regenwassertonnen immer ab.

Diverse Gerätschaften

Gerne lassen sich die Plagegeister von Lichtquellen anziehen; dies haben sich Gerätehersteller zunutze gemacht und Apparaturen entwickelt, die die Insekten einfach versengen. Doch der Ein-

Mückenspiralen sind wirksam aber nicht ganz unbedenklich.

satz dieser **Elektroverdampfer** und **Mückenspiralen** ist nicht ganz unbedenklich, vor allem dann nicht, wenn sie in geschlossenen Räumlichkeiten angewendet werden. Sie sind zwar äußerst wirksam, aber giftig, da sie Pyrethroide enthalten.

Keinerlei Erfolg wird von Experten UV-Lichtgeräten und Mückenpiepsern zugeschrieben.

Anders dagegen der Wirkungsgrad von **Luftbefeuchtern**. Sie locken Mücken durch Kohlendioxid, Feuchtigkeit, Wärme und bestimmte Geruchsstoffe an. Erhältlich sind sie über das Internet unter www.megacatch.com.

Mückenschutz durch Essig, Knoblauch und Gin?

Essiggeruch mögen Mücken überhaupt nicht. Wer sich Arme und Beine an heiß-schwülen Sommertagen mit Apfelessig einreibt, kann sich die Plagegeister vom Leib halten. Die stechenden Mückenweibchen verfügen über einen ausgezeichneten Geruchssinn und machen interessanterweise um Essigdüfte einen weiten Bogen. Tropenmediziner allerdings messen dem Apfelessig nur bedingt eine Schutzwirkung zu.

Als weitere Hausmittel zur Vertreibung von Mücken wird oft zum Verzehr von Knoblauch, zum Trinken von Gin und zum Einnehmen von Vitamin B geraten. Doch auch diese Wirkstoffe halten wissenschaftlichen Erkenntnissen nicht stand. Dr. med. Johannes Wantzen, Facharzt für Tropenmedizin, vertritt hierzu die Meinung, dass

- der Knoblauchgenuss höchstens den Tischnachbarn vertreibt,

- Gin vielleicht dazu beitragen kann, dass man nach einem Mückenstich den Juckreiz nicht mehr spürt,
- Vitamin B seine Wirkung in Bezug auf die Mückenabwehr absolut verfehlt!

Ätherische Öle
Entgegen vieler Behauptungen haben Untersuchungen ergeben, dass ätherische Öle ebenfalls praktisch keinerlei Wirkung haben. Ungläubige können für die letzte Gewissheit einen Selbstversuch starten!

Ein mechanisches Instrument
Schließlich und endlich soll als Instrument zur Mückenbekämpfung die gute alte **Fliegenklatsche** nicht vergessen werden. Davon sollten Sie bereits im Winter Gebrauch machen, wenn Sie eine Mücke im Haus entdecken, denn das sind Weibchen, die überwintern und dann im Frühjahr Eier legen.

Neuerdings werden auch **elektrische Fliegen- und Insektenfänger** die wie ein Mini-Federballschläger aussehen, zu Preisen von 7–18 Euro angeboten. Dabei handelt es sich um etwa 50 cm lange Plastikschläger, die mit Draht bespannt sind und im Stiel zwei 1,5-Volt-Batterien haben. Es können damit die Insekten im Flug erledigt werden – völlig umweltfreundlich und geruchsfrei und ohne Flecken an der Wand. Beim „Jagderfolg“ ist nur ein leises Knistern zu hören, wenn die Stubenbrummer im elektrischen Drahtnetz verenden. Diese elektrischen Fliegenklatschen werden u. a. im Internet („Elektrische Fliegenfänger“ eingeben) oder in Baumärkten und Haushaltswarengeschäften vertrieben.

Mit der elektrischen Fliegenklatsche lassen sich Mücken im Flug erfolgreich erledigen.

Ein Esel als Prämie für Mücken-Töter

Sachen gibt‘s, die gibt‘s gar nicht – könnte man sagen, wenn von einer norditalienischen Zeitung berichtet wird, dass es in San Nazzaro Sesia einen Wettbewerb gibt, bei dem der beste Mücken-Töter mit einer Prämie geehrt wird. Wenn die Stechmücken die Einwohner dieser Ortschaft plagen, dann ist es Zeit für eine besondere Jagd für Männer. Wer in zehn Minuten unter gestrenger Aufsicht der Schiedsrichter die meisten Schnaken erschlägt, wird zum Jagd-Meister gekürt. Für jede erlegte Mücke bekommt der Sieger zehn Euro und als Zugabe obendrein einen Esel. Eine ordentliche Prämie!

Reisen und Extremfälle

Wer in die Tropen beziehungsweise in besonders mückenreiche Gebiete reist oder sehr empfindlich ist, der sollte bedenken, dass Stechmücken bei ihren Opfern vor allem dunkle **Kleidung** bevorzugen. Machen Sie sich also lieber mit langer, heller und nicht allzu stark gemusterter Kleidung im Reisegepäck auf den Weg. Außerdem lohnt es sich, auf Parfüm zu verzichten, denn das zieht Mücken eher an.

Bei der Reservierung eines Hotels sollten Sie unbedingt ein Zimmer mit einer **Klimaanlage** buchen, da Mücken Luftzug und Wind nicht mögen. Und weil Moskitos von Haus aus träge sind und sich lieber in Bodennähe aufhalten, ist ein Zimmer in einer höher gelegenen Etage gut, dort ist auch die Luftbewegung größer und die Temperatur meistens niedriger.

Mücken- und Fliegengitter

Effektiv und vor allem dauerhaft können Sie der Fliegen-, Mücken- und Wespenplage mit einem **Mückengitter** vorbeugen, das praktisch als zweite Tür dem Eingang vorgebaut wird und das Sie den Winter über eventuell auch wieder abmontieren und im Schuppen oder Dachboden deponieren können.

Als günstige Variante neben dem stabilen Fliegengitter mit Rahmen gibt es auch welche, die man einfach mit einem Klettverschluss an den Fensterrahmen befestigt. Gleichzeitig können diese als Sonnenschutz dienen.

Sind die Plagegeister schon in die Schlafräume eingedrungen, verhindert ein klassisches Moskitonetz schlaflose Nächte. Über dem Bett gespannt und zwischen Matratze und Bettgestell eingeklemmt bietet es sicheren Schutz vor den lästigem Summern und – in tropischen Ländern – Infektionen durch Insektenstiche.

Bremsen

Kennzeichen

Bremsen entwickeln sich in Kleingewässern und leben von Insektenlarven und anderen Wassertieren. Die **Goldaugenbremse** (*Chrysops relictus*) hat leuchtend grüne Augen, ihr Körper weist runde, violette, teilweise auch rote Flecken auf. Die **Regenbremse** (*Haematopota pluvialis*) hat grau marmorierte Flügel und Augen mit bunten Zackenbinden, die in allen Regenbogenfarben schillern; sie gilt als eine der häufigsten einheimischen Bremsen und taucht bei schwül-feuchtem Wetter und vor Gewittern auf. Bei den Menschen hat sie es besonders auf die nicht bedeckten Arme abgesehen.

Blutsauger sind bei diesen geschickten Fliegern nur die Weibchen, die mit ihren recht klobigen Mundwerkzeugen sehr schmerzhafte Stiche verursachen können, während die Männchen als Vegetarier gelten und Nektar in Blüten suchen. Die weiblichen Quälgeister haben es natürlich nicht nur auf die Menschen, sondern vor allem auch auf Weidevieh und auch Vieh in den Ställen, mit anderen Worten auf Warmblüter abgesehen. Die Bremsen sind auch dafür bekannt, dass sie nicht nur Wanderer, sondern sogar Reiter und Radfahrer verfolgen.
Als ihre „Hauptangriffszeiten“ gelten die Monate von April bis August. In norddeutschen Gefilden ist die Bremse unter dem Namen „Dase“, „Blinder Flieger“, in Westdeutschland als „Blinder Kuckuck“, in Süddeutschland und in der Schweiz als „Bräme“ oder „Bremer“ bekannt. Weltweit sind von diesen Störenfrieden rund 3000 Arten bekannt.

Risiken

Bremsen halten sich im Sommer entlang von schlammigen Uferbereichen, Teichen, Gräben, Seen und Flüssen, oft aber auch in Ställen und deren Umgebung und beim Weidevieh auf. Sie benutzen ihren Saugrüssel, um bei Mensch und Tier Blut zu saugen.
Diese Attacken auf der nackten Haut

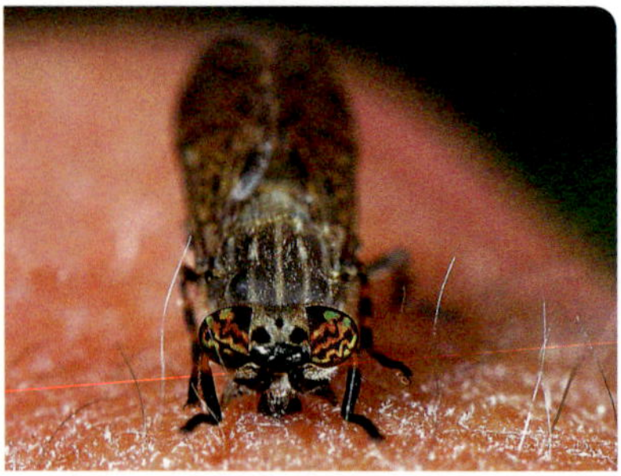

Die Regensbremse kommt häufiger als die Goldaugenbremse (rechts) vor.

Goldaugenbremse

können ganz schön schmerzhaft sein und brennenden Juckreiz auslösen. Nach ihrem Stich bilden sich auf der Haut einige Quaddeln, die durch ein gerinnungshemmendes Sekret ausgelöst werden. Und man höre und staune: Bremsen können bis zu 0,2 ml Blut saugen!
Mit den an ihren Mundwerkzeugen haftenden Blutresten können Bremsen prinzipiell verschiedene Krankheiten übertragen. Gefährlich wird das allerdings vornehmlich bei afrikanischen Bremsenarten. Diese sind für die Übertragung von einigen Infektionskrankheiten erwiesenermaßen verantwortlich und stehen als Überträger von weiteren, etwa der Schlafkrankheit, unter Verdacht. In Europa sind Bremsenstiche zwar schmerzhaft, können auch ein Nachbluten verursachen, gelten aber als harmlos.

Vorbeugen und bekämpfen

Gegen Bremsen gibt es viele **Abwehrmittel** auf dem Markt; immerhin einige Stunden Schutz soll Icaridin bieten, die Meinungen sind hierzu aber sehr unterschiedlich. Sicher hilft aber nur eine lange, vor allem **helle Kleidung** und Produkte mit dem Stoff **DEET** (Diethyltoluamid) wirksam gegen die lästigen Blutsauger. DEET löst allerdings bei empfindlicher Haut Irritationen aus.

Wespen

Kennzeichen

Von den Bienen unterscheiden sich Wespen durch ihre sprichwörtliche Wespentaille. Sie sind schwarz-gelb gezeichnet und haben gelbe Beine. Als relativ angriffslustig gegenüber den Menschen gilt die 10–20 mm lange Deutsche Wespe. Ebenfalls nicht zu unterschätzen ist auch – stört man ihre unterirdischen Nester in Erdhöhlen und -gängen – die eher harmlose Rote Wespe (*Paravespula rufa*), die geschützt ist.

Man muss schon ganz genau hinsehen, um unsere Wespenarten zu unterscheiden. Die **Deutsche Wespe** (*Paravespula germanica*) ist daran zu erkennen, dass sie am Kopf über den Fühleransätzen eine stilisierte Dreizackkrone trägt. Sie baut sich ein Nest von etwa 20–30 cm Durchmesser; entdeckt wurden aber auch Bauten mit elf Waben-Stockwerken und einer Höhe von rund 90 cm.

Die kugeligen Nester der **Sächsischen Wespe** (*Dolichovespula saxonica*) sind mit einem Durchmesser von 10–15 cm wesentlich kleiner; sie sind in Dachböden und Holzschuppen zu finden, wo sie mit Vorliebe an Dachsparren aufgehängt werden.

Die genannten wie auch die **Mittlere Wespe** (*Dolichovespula media*) sind von ihrem Ursprung her aber zumeist Erdbewohner. Sie suchen sich zu ihrem Nestbau auch verlassene Maulwurf- und Mäuselöcher sowie dichtes Gebüsch. Dort können aber Starkregen

Gräulich gefärbt ist das Nest der Deutschen Wespe.

Wespen als Insektenvertilger

Ebenso wie Hornissen sind Wespen überaus nützlich, denn ein Wespenstaat, der bis zu 60 000 Mitglieder zählen kann, vertilgt am Tag oft bis zu 2 kg Insekten, um den Nachwuchs zu ernähren. Außerdem machen sich Wespen auch an Tierleichen und an pflanzlichen Abfällen zu schaffen.

und Hagel ihren Papierballon zerstören und sie müssen sich eine neue Heimat bauen.

Der Speiseplan der Wespenarten ist äußerst abwechslungsreich, denn sie haben es nicht nur auf Fliegen und Mücken, sondern auch auf Bienen, Käfer, Blattwespenlarven, Schaben, Heuschrecken, Wanzen, Spinnen, Zikaden, Blattläuse und selbst auf Maulwurfsgrillen abgesehen.

Ähnlich wie bei den Bienen überleben den Winter nur die befruchteten Jungwespenköniginnen, die dann für den Nachwuchs sorgen und einen Staat von fleißigen Arbeiterinnen entstehen lassen. Die Männchen, die sich nicht am Nestbau beteiligen, haben nur eine geringe Lebenserwartung und sterben kurz nach der Paarung. Die Arbeitswespen kümmern sich nicht nur um den Nestbau, sondern auch um die Ernährung der Larven, die dann mit Insekten als eiweißreicher Nahrung gefüttert werden. Alte Nester werden von den Wespen im nächsten Frühjahr nicht mehr besetzt.

Das Nest der Sächsischen Wespe erreicht einen Durchmesser von maximal 30 cm.

Risiken

Wespen suchen sich in der Nähe des Menschen stets trockene Bereiche vor allem in Dachböden, zwischen Dachsparren, in Holzschuppen und in geschützten Dachvorsprüngen. Oft beziehen sie auch in der Erde an Hängen, Böschungen und sonnigen Wiesen ein unterirdisches Quartier, nur wenige Zentimeter unter dem Rasen oder der Grasnarbe. Die 30 cm und mehr messenden Nester sind so unscheinbar, dass schon mancher hineingetreten ist.

Sie sind von den Menschen wegen ihres mit einer Giftdrüse ausgestatteten Stachels gefürchtet, denn sie gehen zum Angriff über, wenn man ihnen zu nahe kommt.

Die wespenähnliche Schwebfliegen sind absolut harmlos.

Harmlos!

Zum Verwechseln ähnlich sehen die **Schwebfliegen** (Syrphidae) aus, die auch Schwirrfliegen oder Stehfliegen genannt werden. Auch bei sich bewegender Luft können sie im Flug an einer Stelle verharren, was bei Wespen und Bienen nicht der Fall ist. Sie sind mit keinerlei Stachel ausgerüstet, bauen keine störenden Nester und sind völlig harmlos.

Durch Wespenstiche besonders gefährdet sind **Insektenstich-Allergiker**. Werden sie in eine Pulsader, in Hals, Kopf oder Mund gestochen, müssen sie sofort einen Arzt aufsuchen oder, wenn keiner in der Nähe ist, den Notarzt rufen. Bei ihnen können Wespen-, Hornissen- und Bienenstiche zu Atembeschwerden, Hitzewallung und sogar zum Kreislaufzusammenbruch führen.

Vor allem Familien mit **Babys und Kleinkindern** sollten die Wespengefahr nicht auf die leichte Schulter nehmen, denn Wespenstiche in Hals und Mund können sogar lebensgefährlich sein, wenn ärztliche Hilfe nicht rechtzeitig kommt!

Die wichtigste Verhaltensregel

Wespen stechen nicht, wenn man sie in Ruhe lässt. Nervöses Wedeln mit der Hand oder Zeitung macht sie nur aggressiv. Bewegen Sie sich langsam, dann passiert Ihnen zumeist nichts.

Für alle anderen ist ein einzelner Stich außerhalb der Schleimhäute aber nicht dramatisch, nur lästig.

Vorbeugen und bekämpfen

Auf Balkon und Terrasse

Eine erste Vorsorgemaßnahme an der gedeckten Kaffeetafel im Freien ist, über das Gebäck einen feinmaschigen **Wespenkorb** oder auch eine **Käseglocke** zu stülpen.

Wespen lassen sich auch durch Zuckerwasser oder ein kleines Stückchen Torte **ablenken**, wenn es nur weit genug entfernt platziert ist. Stülpen Sie dann einfach ein Glas über die Nervensäge und lassen Sie sie nach dem Kaffeekränzchen wieder frei.

Bewährt hat sich auch, eine Flasche mit engem Hals aufzustellen, die mit zwei Löffeln süßem Gelee oder auch Apfelessig (vermengt mit wenig Wasser) gefüllt wird. Vor allem dann, wenn diese Gelee-Wasser-Mischung in der Hitze des Tages zu gären beginnt, klettern die Wespen nur allzu gern in diese Falle, die Sie dann bei entsprechend vielen „Gefangenen“ verkorken

Eine engmaschige Haube schützt nicht nur vor Wespen.

und an einer weit vom Haus entfernten Stelle entsorgen können (wenn die Tiere ausgeflogen sind, die Flasche selbstverständlich wieder einsammeln!).

Duftkerzen, die ätherische Öle enthalten, zeigen keine Wirkung.

Angeblich machen Wespen auch um in Öl angeröstete **Zwiebelscheiben** und um Zitronenscheiben, die mit Gewürznelken gespickt sind, einen großen Bogen.

Im Haus

Wenn sich Wespen im Dachboden eines Hauses, einer Garage oder eines Gartenhäuschens eingenistet haben, dann hat man einen ganzen Sommer lang seine liebe Not, sie wieder loszuwerden. Darum sollten Sie gleich im zeitigen Frühjahr solche für Wespen begehrte Wohnungen **im Auge behalten** und ihren Flügen folgen. Bei den ersten Ansätzen eines Nestbaus müssen Sie eingreifen: Am besten bestreichen Sie die begehrten Flächen zwischen den Dachsparren mit **Dieselöl**, damit die Wespen nicht gleich wieder zurückkehren, um mit ihrem Vorhaben von vorne zu beginnen.

Bei der **Beseitigung von Wespennestern** muss auf alle Fälle mit (Imker-) Schutzkleidung vorgegangen werden, um das Nest samt der Wespen in einen gut verschließbaren Plastiksack zu stopfen und es weit weg vom Haus wieder in die Freiheit zu entlassen. Imker, Mitarbeiter von Naturschutzverbänden und eventuell auch die Feuerwehr können Sie hierbei um Hilfe bitten.

Was tun bei Wespen- und Bienenstichen?

- Untersuchen Sie die Einstichstelle mit einer Lupe, um festzustellen, ob der Stachel noch in der Haut stecken geblieben ist.
- Gegebenenfalls den Stachel samt Blase mit einer Pinzette entfernen, um Entzündungen zu vermeiden.
- Reinigen Sie die Einstichstelle mit Alkohol.
- Kühlen Sie die Einstichstelle mit Eiswürfeln, kaltem Wasser oder feuchten Salzumschlägen.
- Reiben Sie die Stelle mit einer frisch aufgeschnittenen Zwiebel, Gurkenscheiben oder zerquetschten Spitzwegerich- oder auch Huflattichblättern ein.
- Machen Sie Umschläge mit Obstessig und essigsaurer Tonerde (Apotheke).

Das **Entfernen von Erdnestern** geschieht am besten bei Regenwetter, wenn sich die Wespen in ihr Nest vor der prasselnden Nässe zurückgezogen haben. Gehen Sie dabei – natürlich ebenfalls in Schutzkleidung! – so vor, dass Sie über das Flugloch eine Schaufel Erde werfen und dann, möglichst mit einem Partner und vor allem so schnell wie möglich, das Wespennest ausgraben und in einen Plastiksack einpacken, um es an einer weit entfernten Stelle wieder zu befreien.

Hornissen

Kennzeichen

Eine **Hornisse** (*Vespa crabro*) kann mit einer Länge von 1,8–3,5 cm fast doppelt so lang werden wie eine Wespe. Sie ist schwarz, rot und gelb gefärbt. Wie auch bei den Wespen hat der Hornissenstaat eine Königin und mehrere hundert Arbeiterinnen, die neben dem Nestbau auch die Fütterung des Nachwuchses übernehmen.

Den Männchen kommt im Spätsommer als einzige Lebensaufgabe die Begattung der jungen Hornissen zu. Wenn der Hornissenstaat bei Einbruch der Kälte im Herbst zugrunde geht, überleben nur die begatteten Junghornissen, die in geschützten, trockenen Lagen überwintern und im Frühjahr dann als Jungköniginnen neue Staaten gründen. Mit ihrem Speichel verarbeiten Hornissen morsche Holzfasern zu einer Art Mörtel, aus dem ein kartonartiges Nest mit einen Durchmesser von über 80 cm gebaut wird. Im Inneren befinden sich die Waben.

Ein Hornissennest kann bis zu 70 cm hoch werden.

Risiken

Lebensräume der Hornissen sind vor allem die Mischwälder, bevorzugt Waldränder, wo sie sich in Astlöchern von Laubbäumen ihre Höhlen graben. Aber auch in Siedlungsgebieten kommen sie vor, vor allem in dörflichen Gebieten, wo sie sich im Schutz von Dachböden, Holzschuppen, Gartenhäusern, Saunen und Geräteschuppen eine Stelle für den Nestbau suchen.

Sicherlich ist es nicht so, wie ein weitverbreiteter Aberglauben weismachen will: dass zwölf Hornissen ein Pferd und drei Hornissen einen Menschen töten können. Das könnte höchstens auf einen kranken Menschen, dessen Kreislauf allergisch reagiert, zutreffen.

Vorbeugen und bekämpfen

Bereits im zeitigen Frühjahr sollten Sie **Flugbewegungen** von Hornissen aufmerksam beobachten, wenn sie zum Beispiel an den Häusergiebeln zwischen den Verschalungsbrettern oder direkt am Firstbaum ein Einflugloch

Hornissen haben kräftige Mundwerkzeuge.

für den späteren Nestbau suchen. Denn nur dann ist oft der einzig mögliche Zeitpunkt, um sich gegen den Einzug eines ungeliebten Hornissenvolkes zu schützen.

Sehen Sie hausnah umherschwirrende Hornissen, sollten Sie deren Suche beobachten und an jenen Stellen, wo sie einen Unterschlupf suchen, die Bretter mit **Dieselöl (Heizöl)** oder **Terpentin** bestreichen. Am wirkungsvollsten ist es, an gefährdeten Stellen einen mit Dieselöl getränkten Lappen aufzuhängen und in Spalten der Verschalung zu stopfen. Diese vorbeugende Maßnahme ist überaus wirkungsvoll und bricht die „Wohnungssuche" an dieser Stelle sofort ab.

Bei all den Vertreibungsbemühungen ist nicht zu vergessen, dass Hornissen in Deutschland und Österreich nach dem **Artenschutzgesetz** einen besonderen Schutz genießen (in der Schweiz noch nicht) und nur bei drohender Gefahr für Leib und Leben der

Hornissen sind nützliche Tiere

Hornissen halten uns viele Insekten vom Leib, denn ein Volk verfüttert an seinen Nachwuchs im Sommer täglich ein halbes Kilo von Lästlingen und Schädlingen. Das entspricht der Menge, die sechs Meisenfamilien an einem Tag verzehren!

Menschen bekämpft werden dürfen, was mit einer Naturschutzbehörde abgestimmt werden sollte.

Bei der Beseitigung von Hornissennestern und der Versetzung in Wälder sollten Sie am besten – vor allem auch aus Gründen des Selbstschutzes – Naturschutzverbände oder die Feuerwehr zu Rate ziehen oder ihnen diese nicht ganz ungefährliche Arbeit überlassen. Diese Helfer verfügen über entsprechende Erfahrungen und vor allem Schutzanzüge.

Selbstschutz ist lebenswichtig

In Lebensgefahr begab sich ein Mann aus Bayern, der bei der Entfernung eines Hornissennestes weder einen „Imkerhelm“ noch einen Schutzanzug trug. Als dieser einige Dachziegel entfernt hatte, um so an das Hornissennest zu kommen, hat er das Nest verletzt. Normalerweise sind Hornissen friedfertig, doch haben sie sich in dieser Situation bedroht gefühlt. Sie schwärmten aus ihrem zerstörten Nest und wurden aggressiv. Sechs Hornissen stachen zu: drei in den Arm, eine in das Ohr und zwei in den Kopf. Der Mann erlitt zuerst einen Schock und anschließend einen Schwächeanfall, der bis zur Bewusstlosigkeit führte. Erst nach intensiver Behandlung durch einen Notarzt konnte der Zustand des Patienten wieder stabilisiert werden.

Kleidermotten

Kennzeichen

Die weltweit verbreitete **Kleidermotte** (*Tineola bisselliella*) wird 4–8 mm lang und ist mit einfarbig gelben bis bräunlichen, glänzenden und behaarten Vorderflügeln ausgestattet. Diese erreichen eine Spannweite von 12–16 mm und sind über dem Rücken dachartig gefaltet sind. Sie gehört zur Ordnung der Schmetterlinge. Bis zu 250 Eier legen die Weibchen, aus denen weiße Raupen schlüpfen.

Motten gibt es nicht nur im Haus, ihre Larven sind auch in Nestern von Vögeln und in Ställen von Säugetieren zu finden. In der Natur ernähren sie sich hauptsächlich von Tierhaaren.

Ihren Lebensraum in Häusern wählen sie sich dort, wo eben Kleider aufbewahrt werden und wenig oder gar nicht gelüftet wird, so vor allem in Kleiderschränken, Schubläden und in den Aufbewahrungsorten von Altkleidern. Besonders Schweiß- und Schmutzrückstände locken sie an.

Aus Teilen ihrer Nahrung baut die Raupe einen transportablen Köcher.

Risiken

Kleidermotten und ihre Brut haben es vor allem auf Wolle, Felle, Pelze und Polstermaterialien aus Haaren abgesehen und richten durch ihre Massenvermehrung und Gefräßigkeit in diesen Bereichen oft große Schäden an. Denn die durchlöcherten Anzüge, Mäntel, Wollsachen und Pelze sind meist im wahrsten Sinne des Wortes nicht mehr „tragbar“.

Die größten Schäden richten die Raupen an, sie leben vom Keratin der Tierhaare. Rein pflanzliches und synthetisches Gewebe wird zwar gefressen, aber nicht verdaut.

Eine Anziehungskraft auf sie haben auch lange gelagerte Lebensmittel, vor allem Süßigkeiten, Weihnachtsgebäck, Kakao- und Schokoladenprodukte. Sind Lebensmittel von Motten befallen, sollten sie nicht mehr verzehrt, sondern entsorgt werden.

Vorbeugen und bekämpfen

Motten lassen sich mit bestimmten **Düften** aus Kleiderschränken vertreiben. Diese können Sie in einer fertigen Form kaufen oder selbst herstellen. Zedernholzspäne etwa können Sie fertig erwerben oder diese in der eigenen Hobbywerkstatt aus einem Stück Zedernholz herstellen: die Späne einfach in ein Stoffsäckchen füllen und im Kleiderschrank aufhängen.

Auslegen ganzer Zedernholzstücke kann ebenfalls hilfreich sein. Schleifen Sie diese aber in Abständen von mehreren Wochen wieder ab, um deren Duft zu reaktivieren. Auch das Beträufeln der Zedernholzstücke mit Zedernöl ist zu empfehlen.

Nicht vertragen können Motten die Düfte von Lavendel – hängen Sie einfach ein im Sommer gepflücktes Sträußchen in den Kleiderschrank –, von Citronella, Nelken, frischen Kaffeebohnen und den Geruch, den ein frisch gesägtes Holunder- oder Zirbelkieferholz ausströmt.

Sie riechen zwar nach Großvaters und Großmutters Kleiderschrank, dennoch haben **Mottenkugeln**, die in Reformhäusern und Drogerien erhältlich sind, stets ihre verlässliche Wirkung gezeigt. Nur müssen dann die damit „umsorgten" Kleider später gut gelüftet werden, denn wer will schon mit dem unverkennbaren Geruch von Mottenkugeln unter die Leute gehen?!

Neuzeitlicher und besser weil geruchlos ist **Mottenpapier** verschiedener Hersteller. Sechs Monate lang garantiert es einen zuverlässigen Schutz vor Kleidermotten, Pelz- und Teppichkäfern in Pelzen, Kleidern, Mänteln und Wollsachen. Zudem ist es biologisch geprüft und anerkannt. Sein wichtigster Wirkstoff: 2,99 % Chlorpyrifos. Das Mottenpapier muss im Schrank so aufgehängt werden, dass sich der Wirkstoff zwischen den vorher gesäuberten und abgebürsteten Kleidungsstücken frei entfalten kann. Diese Mottenpapiere können auch in Kleiderbeuteln, Schubfächern, Truhen und Koffern ausgebreitet werden, um die Motten fernzuhalten.

Außerdem hilft das **Auslüften** der wenig genutzten Kleidungsstücke. Mit so einem thermischen Wechselbad vertreiben Sie die Tiere.

Bekämpft werden können Kleidermotten ebenfalls **thermisch**, wenn Sie die befallenen Textilien heiß waschen oder in einem verschlossen Plastiksack in die Kühltruhe geben und dort mit Temperaturen von −20 °C vernichten.

Natürlich weiß sich die Bekleidungsindustrie beim Schutz gegen Motten schon längst zu helfen und behandelt Wollstoffe mit **chemischen Substanzen** wie mit Permethrin, also einem Pyrethroid, das jedoch der Gesundheit des Menschen abträglich sein kann. Das gilt vor allem für Personen, deren Atemwege aufgrund allergischer Reaktionen in Mitleidenschaft gezogen sind.

Sie können Motten auch mit **Pheromon-Lockstofffallen** anlocken und den Befall so eindämmen. Da aber die Fangquoten nicht immer genügend hoch sind und die Männchen oft schon vorher die Weibchen befruchtet haben, lassen sich die Tiere mit dieser Methode nicht voll und ganz ausmerzen.

Australier essen Motten

Um eine Plage von Bogong-Motten in den Griff zu bekommen, haben sich australische Feinschmecker an den Gewohnheiten der Aborigines orientiert: Die Ureinwohner verspeisen die Woll- und Kleiderfresser wegen ihres Gehalts an Fetten und Proteinen.
Die Köche wollen nun die neu entdeckte Delikatesse knusprig braten, zu Suppe verarbeiten, durch einen Mixer jagen oder auf Omelette anrichten; sogar in Brandy kann man sie servieren. Naturkundler Martin Robinson mag die umherflatternden, nussig schmeckenden Motten dagegen am liebsten roh – das sei wie Krabben essen, schildert er seine kulinarische Vorliebe!

Dörrobstmotten

Kennzeichen

Ein spezielles Mitglied der Familie der Motten hat es nicht auf Kleider, sondern auf Dörrobst und andere trockene Lebensmittel abgesehen: die **Dörrobstmotte** (*Plodia interpunctella*) oder Hausmotte beziehungsweise deren Raupen. Während die Kleidermotte gleichmäßig bräunlich gefärbt ist, zeigt sich die Dörrobstmotte in einem bräunlichen bis kupferroten Kleid, das einen helleren breiten Querstreifen aufweist. Sie zählt zur Ordnung der Schmetterlinge, wird 4–10 mm lang und kann mit einer Flügelspannweite von 12–20 mm aufwarten.

Die Dörrobstmotte gilt als kälteempfindlich. Sie bevorzugt eine Umgebung von 20–30 °C und hat nur eine kurze Lebenserwartung von bis zu zwei Wochen.

Typisch bei der Dörrobstmotte ist der breite helle Streifen auf den Flügeln.

Risiken

Hat man Dörrobstmotten in Küche und Haus, dann sind Brot und Nudeln, Getreidekörner, Nüsse, Mandeln, Kaffee, getrocknetes Gemüse, Schokolade und Hülsenfrüchte aller Art vor ihnen nicht sicher. Auch Müslis bleiben nicht verschont. Aufgrund ihrer Winzigkeit kommen sie überall durch und fressen sich sogar durch Verpackungen aus Papier. Eingeschleppt werden diese Plagegeister oftmals auch durch eingekauftes Trockenobst.

Trockene Lebensmittel sollten Sie genau ansehen und in fest verschließbare Behälter füllen.

Vorbeugen und bekämpfen

Einen Befall durch Dörrobstmotten können Sie nur wieder in den Griff bekommen, wenn Sie alle betroffenen **Vorräte vernichten**, Behältnisse und

Mit Pheromonfallen lassen sich Kleider- und Dörrobstmotten eindämmen.

Schränke akribisch **säubern** und auch angrenzende Lebensmittel-Vorratskammern nach Mottenspuren **absuchen**. Konzentrieren Sie sich bei der Reinigung auch auf die Ritzen in den Schränken. Zur Bekämpfung wird des Weiteren empfohlen, diese Mottenart mit **Pheromonfallen** anzulocken und dann zu vernichten.

Vorbeugen können Sie dieser Plage indem Sie ihre trockenen Lebensmittel in fest verschließbaren **Dosen oder Gläsern** aufbewahren. Die Lagerung an einem absolut **trockenen und kühlen Ort** dämmt das Mottenrisiko weiter ein. Auch **frische Luft** tut immer gut. Lagern Sie am besten nicht zu viel und kaufen Sie lieber bei Bedarf neu ein.

Pheromone zur Mottenbekämpfung

Es handelt sich hierbei um Botenstoffe, die der biologischen Kommunikation zwischen Lebewesen einer Art dienen. Insekten können damit ihre Geschlechtspartner anlocken, bestimmte Plätze markieren oder andere Individuen der Art warnen oder „zusammenrufen". Das Wort Pheromon stammt aus dem Altgriechischen (*pherein* = überbringen, erregen, übermitteln; *hormon* = bewegen).

Tauben

Kennzeichen

Den urbanen Raum hat sich vor allem die **Straßentaube** (*Columba livia* fo. *domestica*) erobert. Sie hat ein hellgraues Gefieder mit variabler Zeichnung, weiße Flügelunterseiten und eine Körperlänge von 30–34 cm. Sie macht beim Balzflug durch ihre gurrenden Laute „duuru-duu" und bei der Balz am Boden mit ihrem Ruf „ruggediguhh" auf sich aufmerksam. Die Straßentauben, auch Stadttauben genannt, stammen von der Felsentaube (*Columba livia*) ab, die an felsigen Küsten in den Mittelmeerländern und auch in manchen Wüstengebieten verbreitet ist.

Immer öfter brütet auch die **Ringeltaube** (*Columba palumbus*) auf höheren Bäumen hausnah in unseren Gärten, Parks und Alleen und kommt im Winter sogar ans Futterhaus. Mit einer Körperlänge von 40–42 cm ist sie die größte Taubenart Mitteleuropas. Sie hat einen verhältnismäßig kleinen Kopf, der Hals ist mit einem deutlichen weißen Fleck auf jeder Seite und mit metallisch glänzenden Federn versehen, im Flug ist ein weißes Band auf jedem Flügel zu erkennen.

Das ganze Jahr über leben auch **Türkentauben** (*Streptopelia decaocto*) in unseren Dörfern und Städten. Die eher zierlichen Tauben erreichen eine Körperlänge von 31–33 cm und sind vor allem durch ihren schwarzen Halsring und das sandfarbene Gefieder, dessen Unterseite reinweiß ist, zu erkennen. Ihr Schwanz ist länger als der von Straßentauben.

Tauben brüten oft an den „ungemütlichsten" Plätzen.

Risiken

Während Ringel- und Türkentauben nur im seltenen Ausnahmefall lästig werden, sind Straßentauben zu einer Stadtplage geworden. Nicht selten leben auf einem Quadratkilometer Stadtgrund an die 300–400 Tauben.

Ihren Nistplatz suchen sie auf Simsen, Absätzen und Löchern in Felswänden oder Mauern. Ihre Ausscheidungen können Schäden an Gebäuden, Denkmälern und Statuen anrichten, denn Vogelkot ist ein idealer Nährboden für Schimmelpilze, die durch ihr Pilzgeflecht Säuren abgeben, die wiederum kalkhaltigen Stein zersetzen. Gefriert dann das Niederschlagswasser in diesen feinen Hohlräumen der Steine, kommt es durch Frostsprengungen zu starken Schäden. Der im Taubenkot enthaltene Ammoniak ruiniert Sandstein genauso wie Stuck, eloxierte Metallflächen und sogar As-

phalt. Im Flughafenbereich haben Taubeninvasionen ebenfalls große Schäden bei der Kollision mit Flugzeugen ausgelöst.

Tauben können auch Krankheiten übertragen, vor allem die Papageienkrankheit, Durchfallerkrankungen und Tuberkulose. Dies geschieht durch Tröpfcheninfektion, direkten Kontakt oder durch aufgewirbelten Kot und Federreste.

Wesentlich häufiger kommt es aber vor, dass durch die Vögel Ungeziefer, wie Taubenzecken, in Wohnungen, Arbeitsräume und Ställe eindringt. Haustiere, Nutztiere und auch der Mensch können dann von diesen Zecken befallen werden.

Vorbeugen und bekämpfen

Die kostengünstigste Maßnahme Tauben vom Haus fernzuhalten ist die Anbringung von **Greifvogel- und Rabenattrappen** aus Plastik, die die Tauben verscheuchen sollen.

Besonders erfolgreich bei der Taubenabwehr haben sich sogenannte **Taubenspikes** oder Taubenstickers erwiesen. Dabei handelt es sich um Spitzen aus Edelstahl oder Plastik mit einer Höhe von rund 10 cm, die die Tauben am Landen hindern. Sie können zwei- bis vierreihig installiert werden. Das Anbringen ist verhältnismäßig einfach – sie können einfach auf den gereinigten Dächern aufgeklebt werden. Auch größere Vögel können damit von den Dächern ferngehalten werden.

Sehr gut bewährt hat sich auch das Anbringen von **Netzen**, die den Anflug und das Sesshaftwerden von Tauben in der Dachregion von Gebäuden verhindern. Solche Netze sind aus Materialien wie Edelstahl, Polyethylen, Nylon und Textilausführung hergestellt und müssen ebenfalls von Fachbetrieben installiert werden, um wirksam zu sein. Allerdings sehen sie nicht immer schön aus.

Ebenfalls sehr effektvoll erweisen sich **Elektrostangensysteme**, die an Dachvorsprüngen angebracht werden und anfliegenden Tauben einen unangenehmen, jedoch völlig harmlosen Stromschlag versetzen, vergleichbar demjenigen von Weidezäunen. Der Vorteil: Es stellt sich kein Gewöhnungseffekt ein.

Die Populationen der Tauben in Städten durch Maßnahmen wie die Taubenpille, Sterilisation, Zerstörung ihrer Eier, Abschuss, Fang und Vergiftung zurückzudrängen, war bislang erfolglos. Was sich zur dauerhaften Taubenabwehr ebenso wenig bewährt hat, sind Ultraschallsysteme (Testergebnis der Universität Basel) oder Sprühnebel.

Tierschutzgerechte Taubenabwehrsysteme

Wenn Sie Taubenabwehrsysteme am Haus von einem Fachbetrieb anbringen lassen, erhalten Sie die Gewähr, dass diese tierschutzgerecht sind. Den Tauben werden also durch die Spikes, Netze und Elektrosysteme keine Schmerzen zugefügt und sie werden natürlich auch nicht dadurch getötet. Gegen Schwalben dürfen jedoch die Systeme nicht eingesetzt werden, weil diese unter einem besonderen gesetzlichen Schutz stehen.

Mäuse

Kennzeichen

Das Fell der **Hausmaus** (*Mus musculus*) ist an seiner Oberseite grau bis bräunlich-grau, an der Bauchseite dagegen hellbraun oder weißlich schimmernd. Der etwa 7–10 cm lange Schwanz weist Schuppenringe auf und ist nur spärlich behaart. Mit einer Größe von 7–11 cm erreichen Hausmäuse ein Gewicht von bis zu 25 g.

Ein Mäuseweibchen wirft sechsmal pro Jahr zwischen vier und zehn Junge, die wiederum bereits nach sechs Wochen geschlechtsreif werden. Leicht kann das also zu einer Massenvermehrung führen.

Risiken

Weil Mäuse den Menschen seit jeher ihr Brotgetreide und andere Lebensmittel streitig machten, wurden sie so stark verfolgt wie sonst kein anderes ungebetenes „Haustier". Der Grund dafür: Wenn auch eine erwachsene Maus als Tagesration nur 10 g Futter benötigt, summiert sich das bei einer Mäusefamilie mit nur einer Nachwuchsgeneration auf einen halben Zentner im Jahr.

Da es ja nur noch auf landwirtschaftlichen Betrieben und in Lagerhäusern das von den Mäusen so begehrte Körnerfutter gibt, sind sie schon längst auf andere Nahrungsmittel ausgewichen: Reis, Mehl, Brot und Nudelwaren oder Speisereste aller Art dienen den vor allem dämmerungs- und nachtaktiven Allesfressern als begehrtes Futter.

Spätestens bei Einbruch der kalten Jahreszeit kehren Hausmäuse in die Häuser und damit deren Schutz und Wärme zurück und lassen sich von dort auch nicht mehr so leicht vertreiben. Sie wohnen in Scheunen und Ställen, Wohnungen, Dachböden, Kellern und Abstellkammern. Selbst Tiefkühlhäuser sind vor ihnen nicht sicher: In einem Hohlraum von Lagerfleisch wurde bei Temperaturen von −10 °C quicklebendig eine Mäusemutter mit ihrem Nachwuchs entdeckt!

Die Hausmaus liebt Getreide, ist aber prinzipiell Allesfresser.

Typisch Maus: kleine Kotkrümel und säuberlich aufgebissene Kerne oder Nüsse.

Mäuse sind Krankheitsüberträger

Achtung! Mäuse können Parasiten wie Milben und Flöhe übertragen, aber auch Krankheitserreger, wie das Bakterium *Leptospira interrogans*, das Leptospirose verursacht, oder das Bakterium *Leptospira icterohaemorrhagica*, das die Weil-Krankheit auslöst. Auch Salmonellen können von Mäusen auf den Menschen übertragen werden.

Vorbeugen und bekämpfen

Die kleinen Mäuschen können sich fast überall Zugang verschaffen. Daher sollten Sie Räume, in denen Lebensmittel gelagert werden, unbedingt an deren Öffnungen nach außen (Fenster und Luftschächte, Zugänge zu Kanälen) mit engmaschigen **Drahtgeflechten** absichern und diese regelmäßig auf ihre „Dichtigkeit" hin kontrollieren. Plastikgeflechte halten ihnen erfahrungsgemäß nicht stand, denn da beißen sie sich im wahrsten Sinne des Wortes durch!

In Küche und Haus sollten selbst in Vorratsschränken am besten alle in Papier- oder auch Plastiktüten erhältlichen Lebensmittel (wie Nudeln, Grieß, Reis, Backwaren) in fest **verschließbaren Behältern** (Plastik, Glas, Blech) verwahrt werden – am besten geruchssicher.

Geradezu fahrlässig ist es, in Küchenunterschränken Abfälle, die vielleicht mal neben den Müllbehälter gefallen sind, liegen zu lassen. Auch eine Zwischenlagerung von **Mülltüten** auf Terrassen und Balkonen zieht die Mäuse unweigerlich an. Deshalb alle Abfälle gleich in der Mülltonne verschwinden lassen!

Mit der Lebendfalle können Mäuse unbeschadet nach draußen befördert werden.

Gewöhnliche **Hauskatzen** sind bekanntlich gute Mäusefänger, aber selbst Rassekatzen verlieren ihren ureigenen Jagdtrieb nie, es sei denn sie sind alt und nur an ihrem Sofa interessiert. Vorsicht ist allerdings geboten, wenn Katzen ihre Beute noch lebend von draußen nach drinnen tragen wollen; wenn die Maus entkommt, kann sie leicht unter einem Schrank verschwinden und dort verenden, was eine üble Geruchsbelästigung nach sich zieht. Lebt sie weiter, hat man natürlich ein noch größeres Problem ...

Seit alters her bewährt haben sich **Mausefallen**. Sie müssen nur – ganz gleich ob es sich dabei um eine Lebend- oder Schlagfalle handelt – mit Käse oder Wurst bestückt werden, um die Nager anzulocken (Schokolade soll auch ganz gut funktionieren!). Mausefallen mit Holz- oder Plastikuntersatz gibt es in allen Haushaltswarengeschäften und Baumärkten zu kaufen.

Ultraschallgeräte und **Duftmittel** zur Vertreibung der Mäuse aus der Wohnung sind nicht so effektiv. Abzuraten ist auch von **Vitamin-D-Ködern** und **Cumarinen**, die langsam den Tod der unliebsamen Hausgenossen bewirken. Die Leichen verwesen dann in irgendeinem Schlupfwinkel.

Ratten

Kennzeichen

Ratten sind eine Nagetiergattung mit weltweit rund 65 Arten, von denen die meisten in Südostasien, Neuguinea und Australien zu finden sind. Ihre Körperlänge (ohne den 17–25 cm langen Schwanz gemessen) beträgt 20–30 cm. Eine der schwersten Arten ist die Wanderratte, sie erreicht ein Gewicht von bis zu 550 g. Wenn Ratten in Bedrängnis kommen, können sie schon auch mal zubeißen, ansonsten sind sie aber zu scheu, um einen Menschen direkt anzufallen; sie suchen ihr Heil eher in der Flucht.

Ratten haben einen ausgesprochen guten Geruchs-, Hör- und Gleichgewichtssinn und gelten als sehr intelligente und geschickte Tiere.

Wanderratten sind recht groß und rötlich braun.

Von weit her

Wanderratten sind in Europa eigentlich nicht heimisch. Von asiatischen Steppen aus haben sie als Kulturfolger die ganze Erde besiedelt und die bei uns schon länger beheimatete Hausratte weitgehend verdrängt. Wenn man bedenkt, dass ein Rattenweibchen pro Jahr vier bis acht Würfe mit jeweils 6–8 Jungen zur Welt bringt und unsere Lebensweise den Allesfressern immer genügend Nahrung bietet, verwundert es nicht mehr sehr, dass sie sich innerhalb kurzer Zeit so erfolgreich ausbreiten konnten.

Wanderratte

Die **Wanderratte** (*Rattus norvegicus*) ist oberseits bräunlich-grau, unterseits weißgrau. Ihr Schwanz ist etwas kürzer als der Rumpf. Sie misst einschließlich des glatten Schwanzes rund 50 cm und gilt als überaus fruchtbar: Bis zu achtmal im Jahr kann sie bis zu acht Junge auf die Welt bringen, die wiederum bereits nach zwei bis drei Monaten geschlechtsreif sind.

Die Tiere sind Allesfresser, leben in Rudeln von bis zu 60 Individuen und halten sich gern in der Nähe von Wasser auf. Sie scheuen nicht davor zurück, Vogelnester samt Eiern und Jungvögeln auszurauben. In den Ställen der Bauern fallen sie selbst über lebende Tiere wie Ferkel, Lämmer und Geflügel her und fressen sie an. Auch Stromkabel knabbern sie an und legen damit oft die gesamte Stromversorgung eines Siedlungsgebiets lahm.

Die kleinere Hausratte ist gesetzlich geschützt.

Hausratte

Etwas kleiner als die Wanderratte ist die vom Aussterben bedrohte, schwarzbraune Hausratte (*Rattus rattus*), sie erreicht inklusive Schwanz nur eine Länge von 40 cm. Im Unterschied zur Wanderratte, die eine abgerundete Schnauze hat, ist die Schnauze der Hausratte eher spitz. Hausratten sind schlanker als Wanderratten und erreichen ein Gewicht von 300 g. Ihr Schwanz ist etwas länger als der Rumpf.

Hausratten nehmen meist pflanzliche Nahrung auf und stellen daher keine Gefahr für die häuslichen Nutztiere dar. Sie können zwar gefährliche Krankheiten übertragen, stehen aber auf der Roten Liste gefährdeter Tiere Deutschlands, weshalb bei einer notwendigen Bekämpfung die Naturschutzbehörde informiert werden sollte.

Risiken

Die Hausratte war ursprünglich ein Baumbewohner und gilt daher von Natur aus als wasserscheu, sie macht es sich lieber in Getreide- und Vorratsspeichern bequem. Die Wanderratte ist dagegen meistens im und am Wasser zu finden und ihr wichtigster Lebensraum sind Abwässerkanäle, in denen sie genügend Speisereste findet. Von dort aus gelangt sie schließlich in unsere Keller, wenn diese nicht durch Absperrgitter gesichert sind. Hausratten leben nicht nur im Untergrund der Häuser, sondern auch auf dem Dachboden. Am wohlsten fühlen sie sich dann in Zwischenböden, wo sie auch ihren Nachwuchs großziehen und mit ihrem hinterlassenen Kot und Urin für einen penetranten Gestank sorgen.

Als Überträger von Krankheiten spielen Ratten leider eine große Rolle.

Auch Schmuseratten können Krankheiten übertragen.

Zu nennen sind hier die Weil-Krankheit, Pest, Leptospirose, Q-Fieber, und Cholera. Auch Trichinen (Fadenwürmer) können übertragen werden.

Vorbeugen und bekämpfen

Alle zum Haus führenden Kanalleitungen sollten an den Verbindungsschächten inspiziert werden. Eventuell vorhandene **Schlupflöcher** müssen umgehend durch ein **Gitter** gesichert werden. Beim Anschluss eines Wohnhauses an die Kanalisation kann es ratsam sein, auch Kloklappen einzubauen.

Falls eine Ratte den Weg in Ihr Haus gefunden hat, benutzen Sie am besten eine **Rattenfalle**, also eine

„Schmuseratten" können mit Kuhpocken infizieren

Wenn auch die Ratten in jüngster Zeit vor allem bei Kindern und Heranwachsenden zu einem Mode-Haustier geworden sind, stellen sie doch ein Infektionsrisiko dar. Wie das Berliner Robert-Koch-Institut feststellte, wurden in München zwei Familien, die Ratten als Haustiere hielten, von diesen mit Kuhpocken angesteckt. Es traten grippeähnliche Beschwerden wie Fieber, Gliederschmerzen, Pusteln und Hautentzündungen auf. Während sich die Erwachsenen, die gegen Pocken geimpft waren, schnell wieder erholten, verlief die Krankheit bei den angesteckten Kindern schwerer. Angenommen wird, dass die „Schmuseratten" in der Zoohandlung von wildlebenden Nagern angesteckt wurden.

„größere Ausgabe" der Mausefalle. Als Köder genügen Speisereste.

Früher bevorzugte man als **Rattengift** Strychnin, an dem die Tiere rasch verendeten. Doch wie Untersuchungen ergeben haben, ist dieses Mittel nicht halb so wirksam wie man glauben könnte. Denn die mit dieser Substanz vergifteten Getreidekörner werden normalerweise nur von unerfahrenen jungen Männchen aufgenommen, die in der Hierarchie weit unten stehen. Fallen diese Vorkoster tot um, machen die älteren Ratten einen großen Bogen um die Giftköder. Wie in der Zeitung „Die Welt" zu lesen war, verwenden derzeit die professionellen Rattenbekämpfer Cumarine, die auch im Waldmeister vorkommen. Diese blockieren die Blutgerinnung und lassen die Vorkoster erst nach 36–72 Stunden an inneren Blutungen eingehen. So lange aber gedulden sich auch die schlauesten Wanderratten nicht und fressen ebenfalls die Köder.

Meldepflicht bei Rattenbefall

Bei Rattenbefall sind die Ordnungsämter der Städte und Gemeinden zu benachrichtigen. Sie lassen den Fall von einem professionellen Schädlingsbekämpfer beurteilen und entscheiden dann über Art und Umfang der Maßnahmen.

Der Fluch der Ratten

Ratten haben einen außergewöhnlichen Instinkt, der sie rechtzeitig vor Gefahren warnt. Sie gelten geradezu als „seherische Tiere", die alles, was sie bedrohen könnte, erahnen – oft schon bevor der Mensch die Situation erkennen kann und zu deuten weiß.

Jedermann kennt ja die Redensart „die Ratten verlassen das sinkende Schiff", die tatsächlich gar nicht so weit hergeholt ist: In alten Büchern, die sich mit der Seefahrt von einst beschäftigen, ist überliefert, dass Ratten nicht nur dann ein Schiff verlassen, wenn es sinkt, sondern auch wenn ein Unwetter naht. Seemänner konnten beobachten, dass es ein ungutes Vorzeichen war, wenn sich plötzlich die nachtaktiven Nager in großen Scharen über Landungsstege und sogar an den zum Ufer führenden Tauen aufs Land flüchteten. Ratten sind aber auch dafür bekannt, dass sie tagelang in Wasser überleben können und längeres Untertauchen überstehen.

Oft gerieten diese Schiffe nach ihrem Auslaufen aufgrund von Sturm und Orkan in Seenot und nicht wenige von ihnen sanken schließlich. Anzunehmen ist, dass die Ratten herannahende Unwetter witterten und deshalb fluchtartig die Gefahrenzone verließen, um nicht mitsamt dem Schiff unterzugehen.

Marder

Kennzeichen

Dieses possierliche Tier ist nachtaktiv und äußerst scheu, deshalb bekommt man den **Steinmarder** (*Martes foina*) nur selten zu Gesicht. Sein schlanker, geschmeidiger Körper erreicht eine Länge von bis zu 50 cm und ein Gewicht von ca. 2 kg; sein buschiger Schwanz ist halbkörperlang. Durch die graubraune bis schwarzbraune Fellfarbe mit hellgrauer Unterwolle und die weiße Brust ist er leicht zu erkennen. Die Pfoten und Zehenballen sind nackt, nur im Winter sind die Fußsohlen etwas stärker behaart.

Bei der Nahrungssuche legt er nächtens nicht selten bis zu 8 km zurück, um so an Eier, Kleinsäuger wie Mäuse und Ratten, Vögel und Insekten zu kommen. Wenn er in Hühnerställe eindringt, begnügt er sich zumeist damit, den Hühnern die Eier zu rauben, die Vögel selbst lässt er in der Regel unbehelligt. Wenn der Sommer ins Land zieht, dann wird er sogar zum Vegetarier und lässt sich Beeren und Früchte, wie Kirschen, schmecken.

In der Nähe von menschlichen Behausungen macht er sich gerne an Essensreste, Katzen- und Hundefutter, Mülleimer und Komposthaufen heran.

Risiken

Wenn man ihm auch zugutehalten muss, dass er ein echter Helfer bei der Mäuse- und Rattenbekämpfung ist, so bringt seine Einmietung doch auch Ärger mit sich: zum Beispiel, wenn er sich an die Motorräume von Autos heranmacht, Brems- und Kühlschläuche

Der weiße Kehlfleck ist typisch für den Steinmarder.

Hier hat der Marder seine Spuren hinterlassen.

oder die Isolierung von Motorhauben zerbeißt und sich an der Elektronik zu schaffen macht.

Auch im Haus selbst sind Kabel vor ihm nicht sicher, denn seinem Zerstörungswerk fallen oft auch Antennenkabel zum Opfer, was dann beim Fernsehen zu Funkstille führt, und neuerdings auch die Verkabelung von Photovoltaikanlagen. Nistet er sich im Dachboden ein, verursacht er mitunter erhebliche Ruhestörungen.

Zu einem großen Ärgernis können vor allem im Sommer seine „Hinterlassenschaften“ werden, die dann regelrecht die Luft verpesten. Und wenn beispielsweise ein Jungtier verendet, macht sich der widerliche Verwesungsgeruch schleichend breit.

Vorbeugen und bekämpfen

Es wir geraten, im Dachboden mechanisch funktionierende **Wecker** aufzustellen oder ein Radio laufen zu lassen, um ihn mit dieser Unruhe zum Auszug zu bewegen.

Eine **Marder-Kastenfalle** ist ein aus Holz gefertigter, länglicher Kasten mit ausgelegtem Köder, in dem man ihn lebend und unverletzt fangen kann. Als gute Lockmittel für Kastenfallen gelten Katzenfutter, Fleischwaren und rohe, aufgeschlagene Hühnereier. Der Kauf einer Marderfalle aus Holz muss nicht teuer sein, denn es gibt sie bereits ab 40 Euro. Doch man kann sich eine solche Falle auch selbst schreinern. Im Internet können unter www.kastenfalle-bauanleitung.de nicht nur weitere Tipps zum Marderfang abgerufen werden, sondern auch eine sehr ausführliche Material-Stückliste und eine Schritt-für-Schritt-Bauanleitung. Bitte beachten Sie beim Marderfang folgende Punkte:

- Wer keine offizielle Erlaubnis zum Marderfang hat, darf auch keine Fallen aufstellen (siehe auch Kasten „Überlegter Marderfang“).
- Die Lebendfallen sollten für Hunde und Katzen möglichst unzugänglich sein, denn ab und zu wurde bei der Kontrolle der Falle darin kein Marder, sondern das eigene Haustier gefunden.
- Um die Gefangenschaft nicht zu lange dauern zu lassen, ist es unbedingt notwendig, die Falle jeden Tag am bestens gleich morgens und nochmals am Abend zu kontrollieren.

Im Handel, vor allem im Versandhandel werden elektronische **Marder-Vertreiber** angeboten. Diese senden, sobald sie im überwachten Bereich ein Tier registrieren, für etwa 25 Sekunden einen für Menschen unhörbaren Ton aus. Tiere hingegen empfinden den **Ultraschallton** (Tonfrequenz etwa 23 000 Hz) als unangenehm und ergreifen zumeist die Flucht. Diese Ultraschallgeräte werden von Batterien betrieben, sodass sie auch unabhängig von einem Netzstecker funktionieren.

Nicht ganz billig aber dennoch einen Versuch wert ist die Vertreibung des Marders aus Haus und Auto mit dem erst jüngst auf den Markt gekommenen **Hot-Chili-Marderspray**. Dabei handelt es sich um ein natürliches Produkt aus der Schärfe der Chilischote, bei dessen Anwendung das Tier selbst keinen Schaden nimmt. Der Marder wird allein durch den scharfen Geruch vertrieben, wobei jedoch gesagt werden muss, dass immer wieder nachgesprüht werden muss, sobald sich der Spraygeruch verflüchtigt hat.

Motorräume können Sie gegen Verbiss durch den Marder mit einem engmaschigen Drahtgeflecht sichern, das ihm von unten her den Zugang versperrt. Einige Marderbekämpfer schwören auch darauf, am Garagenboden einen Kükendraht auszulegen, weil der Marder nicht gerne über diesen „Bodenbelag" läuft. Stellen Sie einen Marderbesuch am Auto fest, ist es sinnvoll, dem Motor eine Wäsche zu gönnen, um seine Duftnoten zu beseitigen. Von der Autoindustrie angeboten werden auch Pasten deren Geruch die Marder meiden. Schließlich gibt es Geräte, die an die Autobatterie angeschlossen werden und im Motorraum zusätzlich zum Ultraschallton bei Berührung noch Stromschläge austeilen, diese verletzen den Marder nicht, sondern vertreiben ihn.

Die Methode, Marder mit gesammelten **Katzen- und Hundehaaren** zu vertreiben, ist umstritten. Zum Meinungs- und Erfahrungsstreit darüber gibt es selbst von Experten kein eindeutiges Urteil.

Überlegter Marderfang:

- Für Marder gelten Jagd- und Schonzeiten (in ganz Deutschland vom 1. März bis zum 16. Oktober).
- Von der Unteren Jagdbehörde muss eine Erlaubnis zum Marderfang eingeholt werden.
- Dafür muss ein Fangjagdsachkunde-Nachweis vorgelegt werden.

Waschbär

Kennzeichen

Der sehr possierlich aussehende **Waschbär** (*Procyon lotor*) zählt zu den Kleinbären, hat einen gedrungenen Körperbau auf mittelhohen Beinen und einen kurzen Kopf mit spitzer Schnauze. Er erreicht eine Körperlänge von bis zu 75 cm und erscheint größer als eine Hauskatze. Sein ungefähr 20–25 cm langer Schwanz ist überaus buschig und gelblich, bräunlichgrau oder auch silbergrau und schwarz geringelt. Besonders charakteristisch ist seine Gesichtsmaske mit einer über die Augenregion verlaufenden braunschwarzen Binde zwischen heller gefärbten Partien der Schnauzen- und Stirnregion. Die Raubtiere können 16 Jahre und auch älter werden.

Waschbären sind Allesfresser und ernähren sich von Vögeln und deren Eier, Reptilien, Amphibien, Fischen, Insekten und Würmern und zu rund 50 % von pflanzlicher Kost, wie Obst und Früchten, Gräsern, Blättern und Bucheckern, Hafer und Mais. Bei Winterkälte ziehen sie sich zu einem Winterschlaf an einen geschützten Ort zurück.

Die Tiere gelten als überaus klug. Bereits im Jahre 1908 fand der Verhaltensforscher H.B. Davis heraus, dass es elf von 13 untersuchten Waschbären gelang, 13 komplexe Verschlüsse in weniger als zehn Versuchen zu öffnen, und dass ihre Lernfähigkeit und Lerngeschwindigkeit denen von Rhesusaffen entspricht. Sie können sich auch nach drei Jahren noch an Lösungen einer früher gestellten Aufgabe erinnern.

Risiken

Eine größere Scheu vor den Menschen und menschlichen Behausungen legen die sich auch in Mitteleuropa ganz wohl fühlenden Waschbären nicht an den Tag. Sie kommen immer wieder in die Nähe des Menschen und besiedeln sogar seine Wohnhäuser. Gerne nisten sie sich auch in Gartenhäuschen, Baumhöhlen, Garagen und verlassenen Räumlichkeiten ein.

Sie machen sich durch ihr nächtliches Lärmen, gespenstisches Kratzen an Schornsteinen, Kot- und Urinhinterlassenschaften, Ausgraben und Vernichten von Topfpflanzen, Umkippen und Plündern von Mülltonnen und ihre Beißwut bei den Menschen unbeliebt. Nicht so sehr stört manche vom Waschbären heimgesuchte Mitbürger, wenn sie ihnen bei der Ernte von Walnüssen, Pflaumen, Kirschen und Weintrauben „behilflich" sind, um sich mit Nahrung zu versorgen. Sehr ärgerlich ist es aber, wenn sie sich am Federvieh, vor allem an Küken vergreifen.

Nisten sie sich im Dachbereich ein und ziehen dort ihre Jungen auf, kann es zu größeren Schäden kommen: Sie nutzen Bereiche in Füllböden oder Dachisolierungen, unter Dachziegeln wie auch in schwer zugänglichen Dachneigungen als Schlupflöcher, was zur Folge haben kann, dass das jeweilige Material verschoben wird und damit Feuchtigkeit ins Gebälk eindringen kann. Zudem werden von den Waschbären Leichtbauwände zerkratzt und durchlöchert, freiliegende Elektroleitungen angenagt oder zerstört, was zu einem Kurzschluss führen kann.

Gefürchtet von den Wohnungs- und Hausbesitzern sind die von den Waschbären angelegten Latrinen, denn hier kann es passieren, dass von dort der Urin auf die darunter liegende Zimmerdecke durchsickert und einen unschönen Fleck verursacht – vom hygienischen Standpunkt aus zudem eine eklige Angelegenheit. Außerdem kann sich hier dann auch der Waschbärenspulwurm entwickeln. Als Tollwutüberträger können Waschbären Haustiere wie Hund und Katze anstecken.

In Europa nicht heimisch, aber sehr erfolgreich

Die Verbreitung in Europa begann mit Waschbären, die im letzten Jahrhundert aus Pelztierfarmen ausgebrochen sind. Zudem wurden 1934 von einem hessischen Forstmeister am Edersee zwei Waschbärenpärchen ausgewildert – und das mit Erfolg: Der derzeitige Bestand in Deutschland wird heute auf eine mittlere sechsstellige Zahl geschätzt. Wie ist das möglich? Ganz einfach: Waschbären sind sehr anpassungsfähig und haben in Europa keine natürlichen Feinde.

Vorbeugen und bekämpfen

Wenn sie einen auch überaus niedlich anblicken können, sollten Sie Waschbären **nicht füttern**. Denn hat man sie erst in seiner Nähe, ist es oft schwer, sie wieder zu vertreiben.

Sichern Sie auch Deckel von Müll- und Biotonnen mit einem Spanngummi oder beschweren Sie die Tonnen mit einem schweren Ziegelstein.

Seinem **Eindringen in Häuser** vorzubeugen erreicht man bereits damit, dass man Bäume, deren Äste bis über die Dächer reichen, zurechtstutz, um ihnen diesen Zugangsweg ins Haus zu verwehren. Da Dachrinnen gute Aufstiegshilfen für Waschbären sind, sollte man das Fallrohr mit einer etwa 1 m langen Blechmanschette einhäusen. Daran können sich die ansonsten geschickten Kletterer nicht festhalten und rutschen ab. Lassen Sie einen Fachmann (Dachdecker, Zimmerer) das Hausdach und die damit verbundenen Maueranschlüsse nach Einlassmöglichkeiten absuchen. Sollte dieser Schlupflöcher finden, kann mit oft recht geringem finanziellen Aufwand, also mit Abdichten, eine dauerhafte Vorbeugung gegen das Eindringen des Waschbären erreicht werden.

Wird trotz aller Vorsorgemaßnahmen eine Waschbären-Familie im Dachboden bemerkt – allein schon der nächtliche Radau verrät die Tiere –, dann sollten Sie gleich nach hinterlassenem Kot und Urin suchen. Entdeckt man solche **Spuren**, müssen diese umgehend beseitigt werden. Beim Säubern empfiehlt es sich, um kein Infektionsrisiko einzugehen, eine Staubmaske und Einweghandschuhe zu tragen und die Hinterlassenschaften in einem mit Klebeband verschließbaren Plastiksack einzusammeln. Das Säubern der verdreckten Stellen im Fußboden kann mit heißem Seifenwasser geschehen.

Vertreiben lassen sich die Eindringlinge oft nur kurzfristig. Mittel der Wahl sind hier Lärmattacken, wie das Laufenlassen von Radios, Rekor-

Waschbären kommen oft übers Dach in unsere Häuser.

dern und Weckern, oder durch Bewegungsmelder gesteuerte Lichter, Pfefferstreu und Lappen, die mit ammoniakhaltigen Flüssigkeiten, wie WC- und Rohrreinigern, getränkt sind.

Die **Fallenjagd** auf ihn – selbst auf dem eigenen Grundstück – ist nur berechtigten Personen erlaubt. Nicht-Jäger müssen dafür die Teilnahme eines speziellen Lehrgangs nachweisen. Auskünfte können Jäger und Förster geben. Der Einsatz der **Schusswaffe** bedarf zusätzlich einer Genehmigung der Jagdbehörde. Der Waschbär unterliegt in allen Bundesländern – mit Ausnahme von Bremen und dem Saarland – dem Jagdrecht. Schonzeiten gibt es für ihn nur in Hamburg, Niedersachsen, Nordrhein-Westfalen und Schleswig-Holstein. (Das Auslegen von vergifteten **Ködern** ist übrigens gesetzlich verboten.)

Und zudem: Die Jagd auf Waschbären bringt nur wenig, denn durch ihren großen Aktionsraum von rund 100 Hektar, die Überschneidung mit benachbarten Regionen und ihre hohe Vermehrungsrate kann sie nur ein „Kampf gegen Windmühlen“ sein. Selbst wenn es gelänge, den Waschbären in einem Landstrich gänzlich auszurotten, würde dieses „Vakuum“

durch Zuwanderung bald wieder zunichtegemacht.

Der einzige Schutz vor Waschbären ist es also, ihn zu vertreiben und ein erneutes Eindringen ins Haus unmöglich zu machen.

Haustiere sollten Sie gegen Staupe und Tollwut (falls in Ihrer Region erforderlich) impfen lassen. Auch regelmäßige Entwurmungskuren sind anzuraten.

Weitere Infos über den Waschbären und den Konflikt zwischen Waschbär und Mensch finden Sie im Internet unter www.diewaschbaerenkommen.de.

Serviceseiten

Schädlingsbekämpfer

Wer geprüfte Schädlingsbekämpfer engagiert, der kann mit deren Erfahrung und vor allem auch deren Vertraulichkeit rechnen. Sie kommen zu den Häusern und Wohnungen mit neutralem Pkw, arbeiten unauffällig und versichern absolute Diskretion. Was man jedoch vor Auftragserteilung mit ihnen vereinbaren sollte – das am besten schriftlich – sind die **Kosten**, die auf einen zukommen. Die Schädlingsbekämpfer sind meistens nicht nur auf ein bestimmtes Ungeziefer spezialisiert, sondern decken meist mehrere Ungezieferarten ab oder können den Rat von weiteren Spezialisten einholen.
Eine Auflistung aller infrage kommenden Firmen und Helfer bei Schädlingsnöten würde den Platz dieses Ratgebers sprengen. In der Bundesrepublik und in den deutschsprachigen Nachbarländern gibt es in jeder Region eine große Auswahl von ortsnahen Schädlingsbekämpfern, Kammerjägern und Fachfirmen. Ihre Anschriften zu finden ist einfach, denn sie sind in **Telefonbüchern**, **Branchen-Adressbüchern** oder im **Internet** unter dem Stichwort „Schädlingsbekämpfung" und dem Wohnort zu finden.

Beratungsstellen

Genauso verhält sich die Situation auch bei den Schädlingsbekämpfungs-Beratungsstellen, die ja größtenteils spezialisiert und regional unterschiedlich organisiert sind. Während etwa bei der Beseitigung von bedrohlichen Wespen- und Hornissennestern **Feuerwehren**, das **Technische Hilfswerk** und **Naturschutzverbände** mit Rat und Tat zur Seite stehen, sind bei Marder-Befall die örtlichen **Jagdausübenden** die richtigen Ansprechpartner. Geht es um Schäden an Mauerwerk, Kellern und Gebälk von Dachstühlen, ist professionelle Hilfe durch **Handwerksbetriebe** (Zimmerleute, Schädlingsbekämpfungs-Spezialfirmen, Mauertrockenleger usw.) zu erfahren. Adressen können in der Regel die kommunalen und städtischen Bauämter und die Handwerkskammern nennen.

Überregionale Beratungsstellen, an die Sie sich auch wenden können:

Bundesinstitut für gesundheitlichen Verbraucherschutz und Veterinärmedizin
Thielallee 88–92
14195 Berlin
Tel. 030/8412–4300
www.bfr.bund.de

Bundeszentrale für gesundheitliche Aufklärung
Ostmerheimer Str. 220
51109 Köln
Tel. 0221/89920
www.bzgo.de

Deutscher Schädlingsbekämpfer-Verband e. V.
Rodenstockhaus, Jägerstraße 26
45127 Essen
Tel. 0201/82185–0
E-Mail: info@dsvonline.de
www.dsvonline.de

Institut für Wasser-, Boden- und Lufthygiene
Fachreferat für Siedlungsungeziefer
Corrensplatz
114195 Berlin
Tel. 030/83080
www.wabolu.de

Umweltbundesamt
Postfach 1406
06813 Dessau-Roßlau
Tel. 0340/21030
E-Mail: info@umweltbundesamt.de
www.umweltbundesamt.de

Verbraucher-Initiative e. V.
Elsenstraße 106
12435 Berlin
Tel. 030/536073–3.
E-Mail: mail@verbraucher.org

Sie können sich auch direkt an Ihren entsprechenden Landesverband des Deutschen Schädlingsbekämpfer-Verbands wenden:

DSV-Landesverband Bayern
Rolf Körner
Baustraße 2
91522 Ansbach
Tel. 0981/2606; Fax: 0981/2646
E-Mail: info@eichhorn-ansbach.de

DSV-Landesverband Berlin/Brandenburg
Mario Heising
Danziger Straße 172
10407 Berlin
Tel. 030/44049851; Fax: 030/4428272
E-Mail: dsv.berlin@arcor.de

DSV Landesverband Nord
Sönke Greve
Ringstraße 13
24360 Barkelsby
Tel. 04351/82216; Fax: 04351/769175

DSV Landesverband Hessen
Björn Kleinlogel
Hochstraße 16
64283 Darmstadt
Tel. 06151/44658; Fax: 06151/422779
E-Mail: kleinlogel@gmx.de

DSV-Landesverband Niedersachsen/Bremen
Michael Römer
Admiral-Klatt-Straße 23
26382 Wilhelmshaven
Tel. 04421/9918-0; Fax: 04421/991818
E-Mail: info@dsv-niedersachsen.org

DSV-Landesverband Nordrhein-Westfalen
Werner Steinheuser
Hans-Böckler-Straße 14 c
40764 Langenfeld
Tel. 0700/37858679; Fax: 02173/8488528

DSV-Landesverband Mitte
Lutz Mittendorf
Fermersleber Weg 62
39112 Magdeburg
Tel. 0391/6239221; Fax: 0391/6230246
E-Mail: info@lutz-mittendorf-md.de

DSV-Landesverband Südwest
Roland Schneider
Nördliche Hauptstraße 39
69469 Weinheim
Tel. 06201/340400; Fax: 06201/67579
E-Mail: info@dsv-suedwest.de

Bezugsquellen

Schädlingsbekämpfungsmittel sind in **Baumärkten**, **Reformhäusern**, **Drogerien** oder im **Internet** (siehe rechts) erhältlich, wo man zumeist auch über Neuentwicklungen auf dem Markt informiert wird. Guter Rat ist in Sachen Schädlingsbekämpfungsmittel vor allem auch in **Apotheken** erhältlich, da der Apotheker und dessen Personal über die Wirksamkeit und die Risiken der chemischen Mittel kompetente Auskünfte geben können.

Internetadressen

Schädlingsbekämpfung allgemein

www.schaedlingsmanager.de
www.test.de

Biologische Schädlingsbekämpfung

www.hygienicum.at
office@dienatur.at

Erfahrungsaustausch

www.landlive.de/garten/Vorratsschaedlinge

Ameisenköder

www.aeroxon.de
www.baygon.de
www.nexalotte.de
www.spiess-urania.de

Luftbefeuchter

www.megacatch.com

Motten-Bekämpfungsmittel

www.trifolio.de
www.neudorff.de
www.urania.com
www.biocontrol.ch

Schimmelpilz-Infos

www.getifix.de
www.schimmel-schimmelpilze.de
www.alpenkalk.de
www.farbe.com
www.ciao/Schimmelentfernung.de
www.ratio-therm.com

Abwehr von Vögeln

www.vogelabwehr.de
www.storm-hygiene.de

Zum Weiterlesen

Wenn Sie mehr über die Tiere um uns herum oder über Insekten speziell erfahren wollen, werden folgende Bücher empfohlen:

Bellmann, H., Finkenzeller, X., Grünert, H. & R., Hartmann, U., Janke, K., Kremer, B. P., Puchta, A., Richarz, K.: Steinbachs Großer Tier- & Pflanzenführer. Verlag Eugen Ulmer, Stuttgart.

Bellmann, H.: Steinbachs Naturführer Insekten. Verlag Eugen Ulmer, Stuttgart.

Bellmann, H.: Steinbachs Naturführer Schmetterlinge. Verlag Eugen Ulmer, Stuttgart.

Dettner, K., Peters, W. (Hrsg.): Lehrbuch der Entomologie. Spektrum Akademischer Verlag, Heidelberg.

Falls Sie auch im Garten ungebetene Gäste haben, helfen Ihnen diese Bücher weiter:

Jacobsen, J.: Weg mit der Wühlmaus – Störenfriede und Schädlinge vertreiben. Verlag Eugen Ulmer, Stuttgart.

Lohrer, T.: Die dreizehn Gartenplagen – Schnecke, Wühlmaus, Blattlaus & Co. Verlag Eugen Ulmer, Stuttgart.

Bildquellen

Aeroxon: 34;
al62 – Fotolia.com: 70;
Ingo Bartussek – Fotolia.com: 1, 28;
Heiko Bellmann: 6, 33, 41, 43, 44 unten, 46 links, 46 rechts, 49, 51 oben, 51 unten, 63 Mitte, 63 unten, 64, 68 links, 68 rechts, 72, 78 links, 78 rechts, 80, 81, 82, 85, 90 oben;
Egon Binder: 22/23 (75, 122/123), 54 rechts, 76;
covado – Fotolia.com: 30 links;
Fotonatur.de/Steffen Fellhorn: 2/3 (59 links);
Eva-Maria Götz: 19, 27, 69, 83, 95 unten;
nicola gulliver – Fotolia.com: 93;
Frank Hecker: 7 (95 oben), 8, 62, 73, 96, 104;
iStockphoto/Don Bayley: 47;
iStockphoto/Feng Yu: 20;
iStockphoto/Ju-Lee: 24;
iStockphoto/Kevin Dyer: 35, 37;
iStockphoto/runamock: 92;
iStockphoto/toddmedia: 15;
Jens Jacobsen: 17 links, 98, 105, 114/115;
Juniors Bildarchiv: 112 (121);
Juniors Bildarchiv/Biosphoto/J.-L-Klein & M.-L-Hubert: 4/5 (100/101);
Juniors Bildarchiv/H. Kuczka: 110/111;
Sebastian Kaulitzki – Fotolia.com: 29;
Regina Kuhn: 38, 102;
lantapix – Fotolia.com: 30 rechts;
Henrik Larsson – Fotolia.com: 53;
Alfred Limbrunner: 99;
Naturfoto.cz/Jan Sevcik: 86 (121);
Naturfoto.cz/Pavel Krasensky: 58, 59 rechts;
Dr. F. Sauer/Frank Hecker: 26, 39, 50, 52, 54 links, 57, 63 oben, 67, 88;
Torsten Schon – Fotolia.com: 91;
Stocksnapper – Fotolia.com: 90 unten;
Studiotouch – Fotolia.com: 74;
Urafoc – Fotolia.com: 17 rechts;
Wolszczak – Fotolia.com: 13;
Zoonar/Klansi: 44 oben;
Zoonar/Lothar Lenz: 107;

Register

Moskito

Die in diesem Buch enthaltenen Empfehlungen und Angaben sind mit größter Sorgfalt zusammengestellt und geprüft worden. Eine Garantie für die Richtigkeit der Angaben kann aber nicht gegeben werden. Autor und Verlag übernehmen keinerlei Haftung für Schäden und Unfälle. Der Verlag Eugen Ulmer ist nicht für den Inhalt von Internetseiten verantwortlich.

Bibliografische Information der Deutschen Nationalbibliothek
Die Deutsche Nationalbibliothek verzeichnet diese Publikation in der Deutschen Nationalbibliografie; detaillierte bibliografische Daten sind im Internet über http://dnb.d-nb.de abrufbar.

Wollgrasweg 41, 70599 Stuttgart (Hohenheim)
E-Mail: info@ulmer.de
Internet: www.ulmer.de
Umschlagentwurf: red.sign, Anette Vogt, Stuttgart
Lektorat: Sabine Drobik, Christine Schneider
Herstellung: Silke Reuter
Reproduktion: TBM, Remseck
Satz: pagina GmbH, Tübingen
Druck und Bindung: Firmengruppe APPL, aprinta Druck, Wemding
Printed in Germany

ISBN 978-3-8001-5343-5

Wenn der Wasserhahn tropft …

- Hilfe in allen Notlagen des Alltags
- Zahlreiche Tipps & Tricks

Hier finden Sie 717 Haushaltstipps und Ratschläge für die Fleckenentfernung, die Zimmerpflanzenpflege und den richtigen Umgang mit Lebensmitteln und Textilien. Auch Autopannen verlieren jetzt ihren Schrecken. Diese Tipps machen das Leben einfacher und sparen ganz nebenbei Zeit und Geld.

Fleck weg!

717 Haushaltstipps für Küche, Textilien, Pflanzen & Auto.

L. Bilgenroth, G. Lehari. 2009. 304 S., 85 Farbf., 98 Farbzeichn., kart.

ISBN 978-3-8001-5923-9.

www.ulmer.de Ulmer